Téléphoner en anglais

Phoning in english

Éditions d'Organisation
1, rue Thénard
75240 Paris Cedex 05
www.editions-organisation.com

DANS LA MÊME COLLECTION
DU MÊME AUTEUR

• *Recruter en anglais*

 Le code de la propriété intellectuelle du 1er juillet 1992 interdit en effet expressément la photocopie à usage collectif sans autorisation des ayants droit. Or, cette pratique s'est généralisée notamment dans les établissements d'enseignement, provoquant une baisse brutale des achats de livres, au point que la possibilité même pour les auteurs de créer des œuvres nouvelles et de les faire éditer correctement est aujourd'hui menacée.
En application de la loi du 11 mars 1957, il est interdit de reproduire intégralement ou partiellement le présent ouvrage, sur quelque support que ce soit, sans autorisation de l'Éditeur ou du Centre Français d'exploitation du droit de Copie, 20, rue des Grands Augustins, 75006 Paris.

© Éditions d'Organisation, Groupe Eyrolles, 2002, 2003
ISBN 978-2-7081-2996-2

Centre de Techniques Internationales

Patricia LEVANTI
Joselyne STUDER-LAURENS

Téléphoner en anglais

Phoning in english

Nouvelle présentation

Éditions
d'Organisation

à Réda,
pour l'étincelle internationale
Joselyne

à Nadia,
pour ses précieux conseils
Patricia

Sommaire

Introduction : le téléphone d'aujourd'hui
et de demain 2

1. **Améliorez vos compétences téléphoniques** 10
   La prise de contact : un moment clé 10
   Ne perdez pas de temps au téléphone 48
   Prenez efficacement vos rendez-vous 60
   Laissez des messages exploitables 72

2. **Utilisez vos atouts de communication** 90
   Votre comportement au téléphone 92
   Votre voix : un instrument à maîtriser 112
   Améliorez l'impact de votre discours 118
   Gardez le contrôle du dialogue 130

3. **Optimisez vos résultats** 144
   Préparez vos entretiens téléphoniques 144
   Apprenez à répondre aux objections 164
   Comment dire « non » ? 170
   Comment gérer un litige ? 178
   Concluez efficacement et mesurez vos résultats ... 190

4. **Déjouez les pièges et entraînez-vous !** 197
   Mots clés 197
   Faux amis 198
   Expressions types pour prendre contact… 200
   Garder le contrôle de la conversation 202
   Glossaire des fonctions techniques du téléphone 204
   Verbes à particules et pièges 214
   Tests autocorrectifs 216

Table of Contents

Introduction: the phone of today and of tomorrow 3

1. Improve your telephone skills 11
  Getting in touch: a key moment 11
  Save time on the phone 49
  Making an appointment efficiently 61
  Leave usable messages 73

2. Make the most of your communication assets 91
  Your behaviour on the telephone 93
  Your voice: a tool to be mastered 113
  Improve the impact of your speech 119
  Keep control of the dialogue 131

3. Optimise your results 145
  Prepare your telephone conversations 145
  Learn how to reply to objections 165
  How to say "no"? 171
  How to deal with a dispute? 179
  Conclude efficiently and assess your performance 191

4. Beat the traps and practise! 197
  Key words 197
  False friends 198
  Key expressions to get in touch 201
  Driving the conversation… 203
  Telephone technical glossary 205
  Phrasal verbs and traps 214
  Tests 216

INTRODUCTION : LE TÉLÉPHONE D'AUJOURD'HUI ET DE DEMAIN

Téléphoner est un art. Pour devenir maître en la matière, l'entraînement reste indispensable. Pour améliorer votre efficacité, vous devez connaître les performances du matériel, mais aussi tout le langage approprié et la manière de l'utiliser afin d'obtenir ce que vous recherchez lors de tout entretien téléphonique.

Aujourd'hui la maîtrise de la communication téléphonique passe aussi par la maîtrise de l'anglais, langue des affaires et langue pratiquée dans le monde entier.

L'objectif de cet ouvrage est de vous apporter le vocabulaire, les expressions en français et en anglais ainsi que tous les pièges à éviter, notamment les faux amis.

Cet ouvrage vous guidera pour bien préparer vos entretiens téléphoniques en anglais et pour les réussir.

Le téléphone est au cœur de l'évolution des nouvelles techniques de communication et, en dépit du développement de la messagerie électronique qui contribue à le concurrencer dans certains domaines (exigence de traçabilité de l'information), le contact téléphonique reste le vecteur essentiel d'une communication personnalisée et rapide, répondant aux exigences toujours plus cruciales de réactivité et de qualité du service au sein des entreprises.

Introduction: The Phone of Today and of Tomorrow

Phoning is an art. Practice is essential in order to master it. Therefore, an accurate knowledge of the equipment, as well as the appropriate language and the way to use it, are necessary to manage your phone conversations successfully.

But nowadays, facing professional phone conversations implies the practice of English, the language of business, spoken worldwide.

The aim of this book is to focus on the vocabulary, key expressions both in French and in English, as well as the traps to be avoided, especially false friends.

This book is a guide to help you prepare your telephone conversations in English and be successful.

The telephone belongs to the core of new communication technologies and, despite the development of electronic mail, which tends to compete with it in some fields (when information must be traced), phone contacts remain the essential medium for a quick and personalised communication, meeting the demand for an increasing ability to react and for a good-quality service in present-day companies.

En effet, chaque fois que l'information à transmettre est limitée ou peu complexe et n'exige pas de trace écrite, (ou que le décalage horaire le permet), le contact téléphonique représente, par rapport au message écrit, un « plus » évident : relation interpersonnelle, explicitation et nuance du message, rapidité dans l'analyse et la prise de décision…

Mais à peine avait-on réussi, au fil des années, à adapter notre communication professionnelle à cet outil si peu « naturel » et si exigeant, que celui-ci subit de profondes mutations, modifiant radicalement son utilisation.

À l'heure de la gestion de l'information en temps réel, le téléphone s'est transformé, de simple outil de communication courante, en véritable plate-forme multimédia, interconnectée aux multiples réseaux qui relient les entreprises internationales.

Le téléphone peut aujourd'hui se muer tour à tour en annuaire ou répertoire personnel, boîte à message, kiosque à journaux, interface réseau, salle de conférence internationale, portail d'entrée sur Internet, secrétaire délivrant un message personnalisé, etc.

L'avènement du téléphone mobile contribue également à révolutionner les pratiques téléphoniques tant personnelles que professionnelles (appropriation à l'individu et non plus au lieu, accessibilité permanente, variabilité des environnements…).

L'optimisation de toutes ces nouvelles fonctions se révèle un enjeu stratégique de performance dans l'entreprise à l'heure où la gestion du temps devient quasiment obsessionnelle et l'abolition des frontières une réalité incontournable.

Introduction: the phone of today and of tomorrow

As a matter of fact, each time the information to be passed on is limited or simple and does not require a written record, (or when time differences make it possible), phone contacts will prove more interesting: personalised relationships, explanations and shades of meaning, quick analysis and decision-making become possible...

After years of efforts to adapt our professional communication to this unnatural and demanding appliance, the phone is going through a transformation drastically altering its use.

In the era of real-time information management, the telephone has developed from a direct and simple communication medium into an actual multimedia platform, connected with various networks linking international firms.

Nowadays, a telephone can be changed into a personal directory or index, a mail box, a newspaper stand, a network interface, an international meeting room, an Internet portal, a secretary delivering a personalised message...

Mobile phones have revolutionised both our personal and professional phoning habits (the phone is linked to the individual and no longer to a given location, availability is permanent and environments quite disparate...).

The key issue nowadays is to optimise these new opportunities to be efficient in the company when time saving is turning into an obsession and frontiers are in the process of disappearing.

AMÉLIOREZ VOS COMPÉTENCES TÉLÉPHONIQUES

La prise de contact : un moment clé

Vous recevez un appel

Les attentes de votre interlocuteur
- Être bien accueilli
- Ne pas perdre son temps
- Être écouté
- Réaliser l'objet de son appel

Les points clés d'un accueil de qualité
- Décrochez rapidement
- Découvrez qui est en ligne
- Sachez transférer l'appel
- Mettez à jour les informations
- Vérifiez la compréhension de la conversation
- Prenez l'initiative de conclure

Améliorez votre communication en appel reçu
- Soyez disponible et montrez-le
- Évitez les malentendus et les imprécisions
- Des vertus de l'écrit au téléphone
- Soignez vos réponses
- Argumentez
- Concluez sur une note sympathique

C'est vous qui appelez

Les points clés de la préparation
- Fixez-vous un objectif
- Ayez à portée de la main les informations nécessaires
- Préparez votre intervention
- Choisissez le bon moment
- Regroupez vos appels

IMPROVE YOUR TELEPHONE SKILLS

Getting in touch: a key moment

You receive a call

Your party's expectations
- To be welcomed
- Not to lose his time
- To be listened to
- To be given satisfaction

The key points in welcoming your parties on the phone
- Answer rapidly
- Identify the caller
- Connect the call
- Update information
- Check comprehension
- Take the initiative in completing a received call

Improve your communication when you take a call
- Be attentive and show it
- Avoid misunderstandings or inaccuracies
- The importance of taking notes on the phone
- Reply accurately to questions
- Provide arguments
- Conclude on a pleasant note

You are calling

Preparation check-list
- Set yourself a target
- Have all the necessary information close at hand
- Get ready for the conversation
- Call at the right time
- Set aside a specific time for making your calls

Le guide d'entretien d'un appel émis
- Vérifiez l'identité de votre interlocuteur
- Présentez-vous
- Saluez en ménageant un silence pour la réponse
- Exposez la raison de votre appel
- Soyez à l'écoute de votre correspondant
- Concluez et saluez

Ne perdez pas de temps au téléphone

Comment passer un barrage ?
- Passer le barrage du standard
- On vous a passé la secrétaire
- On vous a passé le plus proche collaborateur

Savoir filtrer un appel

Prenez efficacement vos rendez-vous

Avant d'appeler

Le déroulement de la prise de rendez-vous
- Créez une atmosphère agréable
- Sachez répondre aux objections classiques à la prise de rendez-vous
- Expliquez clairement l'objet d'une rencontre et son intérêt
- Comment parvenir à un accord ?
- Confirmez le rendez-vous oralement, puis par écrit

Laissez des messages exploitables

À une personne

Sur un répondeur ou une boîte vocale
- Adressez-vous à votre correspondant comme si vous l'aviez véritablement en ligne
- Identifiez-vous clairement
- Précisez la date et l'heure
- Décrivez brièvement l'objet de votre appel
- Précisez la suite que vous attendez à votre message

Conversation guidelines
- Check the identity of your party
- Introduce yourself
- Say hello and leave time for the answer
- Explain why you are calling
- Be attentive to your party
- Reach a conclusion and say goodbye

Save time on the phone
How to get through?
- Getting past the switchboard
- You have been transferred to the secretary
- You have been transferred to the deputy

Screening a call

Make an appointment efficiently
Before calling
Making an appointment
- Create a pleasant atmosphere
- Reply to the customary objections to an appointment
- Explain clearly the subject of a visit and its interest
- How to reach an agreement?
- Confirm the appointment by phone then in writing

Leave usable messages
To a person
On an answering machine or a voice mail
- Talk to your party just as if he was listening in person
- Identify yourself clearly
- Specify the date and time
- Describe briefly the subject of your call
- Specify what you expect from your message

AMÉLIOREZ VOS COMPÉTENCES TÉLÉPHONIQUES

La prise de contact : un moment clé

La pratique des techniques téléphoniques s'est beaucoup améliorée grâce à une prise de conscience de l'importance de l'image téléphonique dans la perception générale de l'entreprise.

En effet, c'est souvent au travers de l'accueil téléphonique que l'on se fait une première impression de la qualité et du sérieux de l'entreprise.

Combien d'appels perdus (et donc d'éventuelles affaires !) à cause d'un accueil revêche et peu professionnel ?

On fera alors l'amalgame à l'échelle de l'entreprise tout entière, et les campagnes de communication les plus élaborées ne pourront avoir raison de ce déficit d'image.

D'autre part, il est apparu évident, avec le développement de la vente par téléphone, qu'il était possible d'optimiser le développement commercial de l'entreprise grâce à une meilleure utilisation du téléphone (par exemple vendre un produit sans avoir à déplacer une force de vente sur le terrain).

Cependant la maîtrise du téléphone reste un art difficile car il tend à amplifier les impressions et exige une compréhension rapide ainsi qu'une très bonne capacité de réaction.

IMPROVE YOUR TELEPHONE SKILLS

Getting in touch: a key moment

As many companies have become aware of the importance of the impression they create on the phone, the use of telephone techniques has greatly improved.

Through the way a company welcomes people on the phone, potential customers or partners get their first impression of its quality and reliability.

How many calls are lost (thus possible deals) because of a bad-tempered and unprofessional reception on the phone?

The whole company can be judged on a single nasty call, and no communication campaign can **make up for** this failure.

EXPRESSION ET MOT CLÉ :
phrasal verb "to make up for" = compenser, réparer.

With the development of phone marketing, it also became possible to optimise sales by a better use of the telephone (especially selling a product without moving a sales team).

Yet, telephone is a difficult art to master as it tends to intensify impressions and **demands** a quick comprehension as well as a good capacity to react.

ALERTE PIÈGE (Faux amis) :
"to demand" = exiger
"demander" = to request.

© Éditions d'Organisation

Vous recevez un appel

« Rien n'est jamais acquis, même quand on vous connaît ».

Aujourd'hui votre appel arrive très souvent directement de l'extérieur sans filtrage préalable et vous pouvez, dans la plupart des cas, identifier votre interlocuteur avant de décrocher.

Cette nouvelle situation vous oblige à maintenir, en toutes circonstances, une excellente qualité d'accueil. Sans vous transformer pour autant en standardiste, vous devez vous assurer que vous maîtrisez bien l'ensemble des fonctions de votre poste téléphonique (voir « Glossaire des fonctions techniques du téléphone », page 204) afin d'en tirer un maximum d'efficacité et de bien traiter l'appel que vous recevez.

Les attentes de votre interlocuteur

- **Être bien accueilli**

Malheureusement, on a encore trop souvent tendance à décrocher son téléphone sans « se mettre en condition » de traiter l'appel, sans une bonne disponibilité d'esprit, par exemple.

Rien n'est pire pour un interlocuteur qui vous appelle que d'avoir l'impression de vous déranger !

Mieux vaut, dans ce cas, soit enclencher votre boîte vocale, soit prendre l'appel et trouver un prétexte pour rappeler dans les 5 à 10 mn (ce qui vous laissera le temps, le cas échéant, de chercher une information manquante ou de prendre le dossier).

You receive a call

"Never take things for granted, even when people know you".

Nowadays, your calls reach you directly from the outside, without any interference and in most cases you know the identity of your calling party before lifting the receiver.

Be ready to take calls even if they come out of the blue.

Thus, you must make sure that you have all your phone techniques under control (see "Telephone technical glossary", page 205) in order to deal properly with your calls and make the most of them (without turning into a switchboard operator!).

In fact, the best question to ask yourself would be: "What does the calling party expect from me?" (Or "What are my expectations when I call someone?")

Your party's expectations

• To be welcomed

Unfortunately, we very often take a call without being ready to deal with it, for instance without having time to listen. There is nothing worse for your calling party than the feeling of disturbing you!

It would be better, in this case, either to connect your answering machine or to find a reason for calling back within 5 or 10 minutes (this will leave you enough time to look for some missing **information** or take the file and so on).

Évitez également, si vous prenez l'appel en écoute amplifiée, de parler à votre interlocuteur depuis l'autre bout de votre bureau, il aura la sensation que vous faites tout autre chose en lui parlant !

En bref, votre correspondant attend de la disponibilité, une bonne qualité d'écoute (en particulier dans le domaine commercial) ainsi qu'une certaine convivialité.

Ne pas perdre son temps

L'atout majeur du téléphone reste l'efficacité qu'il offre dans le règlement immédiat d'une question en suspens, et souvent dans l'urgence.

Votre rapidité à décrocher, à reconnaître, le cas échéant, votre interlocuteur, à comprendre sa préoccupation, seront autant de marques d'égard à son endroit qui contribueront à valoriser sa démarche.

Être écouté

Le manque d'écoute reste un reproche récurrent dans la communication interpersonnelle, *a fortiori* au téléphone, où la voix reste le seul vecteur d'expression (on ne peut utiliser les signaux corporels).

ALERTE PIÈGE :
Information ne prend jamais de « S »
Des renseignements = Some Information.

When you use your loudspeaker, try to avoid speaking from the other end of your office, otherwise your interlocutor will have the feeling that you are doing something else at the same time.

To sum up then, availability, good listening capacity (especially in sales) as well as a certain user-friendly contact will be expected from you when taking a call.

Not to lose his time

The major strength of the telephone is the opportunity it offers to settle outstanding matters immediately, particularly emergencies.

The fact that you can quickly pick up the receiver, recognise your calling party and understand his concern, will be considered as a proof of respect.

To be listened to

Listening capacity is dramatically missing in general human communication, all the more on the phone, where the voice remains the only means of expression (body language cannot be used).

Qui n'a jamais vécu cette situation très agaçante ? :

> Vous appelez une personne qui, dès qu'elle vous a reconnu, et sans prendre la peine de connaître l'objet de votre appel, prend la direction de la discussion, fait les questions et les réponses !

Savoir écouter son interlocuteur et s'assurer que l'on a bien saisi sa demande participent de la réussite du traitement d'une communication téléphonique.

● Réaliser l'objet de son appel

Même lorsque l'on n'est pas en mesure de donner satisfaction à son interlocuteur dans l'immédiat, il est indispensable de lui montrer que l'on a bien compris son attente et que l'on s'occupe activement de la réaliser.

Les points clés d'un accueil de qualité :

Nous avons déjà insisté sur l'importance du premier contact et de l'image de l'entreprise qu'il véhicule.

Il est inacceptable aujourd'hui d'imaginer un téléphone sonnant dans le vide ! On doit toujours s'assurer qu'une boîte vocale ou un transfert d'appel accueillera votre correspondant en votre absence.

Improve your telephone skills

You must have experienced the following situation: you are calling someone who, after having recognised you and without trying to know the subject of your call, starts leading the conversation, posing both questions and answers.

Processing a phone call successfully requires good listening capacity and the ability to understand clearly your party's requirements.

● To be given satisfaction

Even when you are not in a position **to meet** your party's requirements immediately, the latter must feel that you have **actually** understood his expectations and that you will make every effort **to come up to** them.

EXPRESSION ET MOT CLÉ :
"to meet" = répondre (à une attente / un besoin)
respecter (une date / un engagement).

ALERTE PIÈGE (Faux ami) :
Actually = en fait, réellement, à vrai dire.
(Phrasal verb) :
To come up to = répondre à, satisfaire.

The key points in welcoming your parties on the phone:

We have already stressed the relevance of the first contact by telephone and the image of the company it conveys.

It is difficult to imagine nowadays that a phone might be ringing without any answer!
A voice mail or a call forwarding system is to be fixed to welcome your party while you are away.

Décrochez rapidement

Au-delà de trois sonneries sans réponse, l'humeur de l'interlocuteur se dégrade et vous devrez redoubler d'effort pour instaurer une atmosphère conviviale !

Identifiez-vous clairement auprès de votre interlocuteur qui ne sait pas forcément où son appel va « atterrir » : un standard ? une assistante ? une ligne directe ?

Vous devez donc vous annoncer précisément afin d'éviter les pertes de temps et les confusions.

L'annonce d'un standard : « *Société ABC, bonjour !* »
L'annonce d'un service : « *Service après-vente, Annie Durand, à votre service.* »
L'annonce d'une assistante : « *Annie Durand, Secrétariat de M. Dupont, bonjour !* »
L'annonce sur une ligne directe : « *Annie Durand, bonjour !* »

Ayez soin d'articuler et de ne pas parler trop vite car votre correspondant sera peut-être gêné de vous faire répéter. D'autre part vous donnerez l'impression de vous présenter sans conviction et de façon automatique.

Improve your telephone skills

● Answer rapidly

After three rings your party may start losing patience and it could prove difficult to create a user-friendly atmosphere afterwards.

Make sure the person calling understands your identity clearly, as he does not necessarily know who is going to answer: a switchboard? an assistant? the called party directly? So, introduce yourself with accuracy so as to avoid losing time and creating mix-ups.

A switchboard operator will say: *"ABC **company**, good morning!"*

EXPRESSION ET MOT CLÉ :
"company" ou "firm" = une société commerciale (entreprise)
Society = la Société, une association.

The introduction of a **department** will be: *"After-sales department, Annie Durand, can I help you?"*

EXPRESSION ET MOT CLÉ :
"department" = service dans une entreprise
"service" = une prestation de service.

An assistant will say: *"Annie Durand, Mr. Dupont's office, can I help you?"*
You will directly introduce yourself: *"Annie Durand, good morning!"*

Try to pronounce clearly and do not speak too fast. Your party might be embarrassed to ask you to repeat. On the other hand, your introduction will not sound very convincing.

● Découvrez qui est en ligne afin d'adapter votre communication

Un correspondant appréciera toujours d'être reconnu rapidement.

N'hésitez pas à faire répéter ou épeler le nom, la fonction ou la société pour vous assurer de son identité.

> *« Pourriez-vous me rappeler votre nom, s'il vous plaît ? »*
> *« Pourriez-vous me rappeler le nom de votre entreprise, s'il vous plaît ? »*
> *« Pourriez-vous épeler votre nom, s'il vous plaît ? »*

Une fois le correspondant connu, essayez par des questions ouvertes de connaître l'objet de son appel.

> *« Pouvez-vous me dire de quoi il s'agit, s'il vous plaît ? »*

● Sachez transférer l'appel dans un autre service ou vers un collègue

N'oubliez pas de bien annoncer son nom, sa fonction ainsi que son numéro direct en cas d'incident au moment du transfert.

En effet, rien n'est plus agaçant que d'avoir à refaire le « parcours du combattant téléphonique » après avoir été coupé au cours du transfert.

> *« Je vais vous passer Mme Durand, du service après-vente. Sa ligne directe est le 01 01…*
> *Merci de patienter un instant, au revoir. »*

● Mettez à jour les informations

De nombreuses informations transitent par le téléphone et ne sont pas systématiquement enregistrées immédiatement.

● Identify the caller

One always appreciates being recognised rapidly. Do not hesitate to make him/her repeat his name (or to ask him to spell it), his position or his company, to make sure of his identity.

> *"Could you remind me of your name, please?"*
> *"Could you remind me of the name of your company, please?"*
> *"Could you spell your name, please?"*

Once you have checked the identity of your party, try to find out the subject of his call through open questions:

> *"Could you tell me what it's about, please?"*
> *"May I ask what your call's about, please?"*

● If you have to connect the call with an other department or a colleague

Make sure you announce his name, his position as well as his direct extension in case of problem while putting him through.
Indeed, it's very annoying, after being cut off, to have to resume the whole process again!

> *"So, I'll put you through to Mrs Durand, of the after-sales department. Her direct line is 01 01..., one moment please, good bye"*

● Update information

A lot of data are collected through the telephone and are not necessarily recorded immediately.

Or on sait très bien qu'une information non traitée en temps réel est très souvent perdue. Mieux vaut dans ce cas utiliser la fonction « mains libres » et mettre à jour ou enrichir une base ou un fichier tout en poursuivant sa conversation téléphonique.

« Vous m'avez dit tout à l'heure que votre société a déménagé, n'est-ce pas ? Pourriez-vous me préciser vos nouvelles coordonnées, afin que je mette à jour votre dossier ? »
« Donc votre responsable logistique n'est plus M. Dupont ? »
« Pourriez-vous m'indiquer le nom de son successeur ? »

Vérifiez la compréhension de la conversation

Ceci même si vous confirmez toujours un accord par fax ou e-mail.

La technique la plus courante reste la reformulation qui permet :

- d'éviter les ambiguïtés ou les malentendus ;
- d'obtenir un accord formel de votre interlocuteur ;
- de préciser la suite à donner.

« Nous sommes bien convenus de… »
« Vous m'avez bien demandé de… »
« Donc, je vous confirme notre accord… »

Unfortunately, when a piece of information is not processed in real time, it is generally lost. Thus, it might be advisable to use the "hands free" system to update or correct a database or a file while proceeding with the conversation.

*"So, you **did** tell me just now that your company has moved, didn't you? Then, could you give me your new address, phone and fax numbers please, to update your file?".*

 PRONONCIATION :
il faut accentuer "did" car forme d'insistance.

"So, the logistics manager is no longer Mr. Dupont? Would you mind telling me the name of the new person in charge, please?"

- **Make sure the terms of your conversation have been clearly understood**

Even if you confirm your agreement by fax or email.
The most used method is to repeat what has been **agreed upon** so as to:

- avoid ambiguities or misunderstandings;
- obtain a formal agreement from your party;
- specify the following action to be taken.

*So, we did **agree to**..."*

 ALERTE PIÈGE : to agree WITH a person.
ON / UPON a subject.
TO do something.

"Then, you did ask me to..."
"So, I'll confirm our agreement..."

• Prenez l'initiative de conclure un appel reçu

Il est important de le faire même si vous craignez de briser la convivialité de la discussion ou de donner l'impression de vouloir « expédier » la conversation (en particulier quand on a affaire à un bavard).

Mais une conversation téléphonique trop longue perd de son efficacité.

Il faut donc le faire au moment opportun, c'est-à-dire quand tous les points ont été passés en revue, que l'on a reformulé et confirmé les dispositions envisagées.

> *« Puis-je récapituler les différents points... ? »*
> *« Pouvons-nous reprendre ensemble... ? »*

Enfin, un des signaux de fin de conversation est bien sûr le remerciement qui permet de terminer sur une note conviviale et de laisser une impression agréable.

Améliorez votre communication en appel reçu

Sur le plan relationnel, l'accueil téléphonique est un moment délicat. En effet, l'exigence d'être écouté, pris en compte, respecté est très élevée, *a fortiori* dans une situation d'urgence, de crise ou de mécontentement.

Or, nous sommes tous conscients qu'un accueil sympathique permet de calmer une personne énervée.

Comment se comporter vis-à-vis de son interlocuteur ?

Improve your telephone skills

• **Take the initiative in completing a received call,** without breaking the user-friendly atmosphere of the conversation, **possibly** giving the feeling that you want to **"expedite"** the conversation (particularly when your party is very talkative).

ALERTE PIÈGE :
"to expedite" = *accélérer / activer*
"expédier" = *to ship / to consign / to dispatch.*

But keep in mind that a long conversation **eventually** loses its point.

ALERTE PIÈGE (Faux amis) :
"eventually" = *finalement*
"possibly" = *éventuellement.*

Therefore, the convenient moment must be chosen, i.e. when all subjects have been studied, rephrased and all arrangements confirmed.

"Can I just go through the points we've agreed upon...?"
"Could we sum up together...?"

Finally, you will signal the end of the conversation by thanking your party, allowing to end the conversation on a pleasant impression.

Improve your communication when you take a call

Welcoming someone on the phone is a demanding moment. Especially in case of emergency, crisis or dissatisfaction, the calling party will demand respect, concern and understanding. As we all know very well welcoming a nervous person kindly can calm him down.

So, how do you behave?

● Soyez disponible et montrez-le !

En effet, n'oubliez pas qu'au téléphone, c'est essentiellement votre voix qui illustre votre intérêt, vos réactions, votre attention et votre considération.

Une voix agréable, un ton sympathique et un sourire sur vos lèvres, donneront à votre correspondant la sensation qu'il est le bienvenu.

Cependant, si vous écoutez votre interlocuteur avec attention mais dans un silence total, rien ne pourra lui prouver que vous n'avez pas mis le secret et êtes en train de parler de tout autre chose avec une tierce personne !

Il vous faut donc lui montrer que vous l'écoutez de façon discrète mais évidente, en ponctuant les quelques silences de « petits mots » comme :

> *« Oui, bien sûr », « Oui, je vois »*
> *« Oui, en effet », « Oui, tout à fait »*
> *« Oui, c'est certain »*
> *« Oui, je comprends », « Oui, c'est normal »*

Vous pouvez également reprendre la parole sans l'interrompre pour lui expliquer ce que vous êtes en train de faire :

> *« Je consulte votre dossier »*
> *« Je prends mon agenda »*
> *« Je vérifie sur ma base de données »*

Vous démontrerez ainsi votre « écoute active » et votre disponibilité réelle ce qui contribuera à créer avec votre interlocuteur un climat de confiance.

● Be attentive and show it!

Indeed, never forget that on the phone your voice is the only way you have to express your interest, your reactions, your attention and your regard.

Thanks to a pleasant voice, a friendly tone and a smile on your lips, you will convince your party that he is welcome. Nevertheless, if you only listen carefully to your party without saying a word, he might think as well that you have used the mute button and are talking to someone else!

Thus, show him that you focus your attention on him, discreetly but obviously, by regularly inserting small expressions like:

> *"Yes, of course!"*
> *"Yes, I see!"*
> *"Yes, indeed!"*
> *"Yes, certainly!"*
> *"Yes, completely!"*

You can also interfere without interrupting, just to explain what you are doing:

> *"I'm looking through your file"*
> *"I'm taking my diary"*
> *"I'm checking on the database"*

In so doing, you will show that you are "actively" listening and that you are careful, thus strengthening the confidence of your party.

● Évitez les malentendus ou les imprécisions

Vous aurez sans doute remarqué qu'il n'est jamais inutile de demander des précisions, voire parfois de reformuler complètement une idée afin de vous assurer de votre compréhension.

On peut par exemple demander :

- Lorsque l'on veut vérifier sa compréhension

    « Vous m'avez bien demandé de vous transmettre… ? »
    « Vous m'avez dit que la date limite était fixée au… ? »
    « Pouvez-vous me répéter l'heure exacte du rendez-vous ? »
    « Vous souhaiteriez donc savoir si… ? »

- Lorsque l'on a besoin de précisions

    « Pourriez-vous me préciser… ? »
    « Avez-vous des informations plus détaillées sur… ? »
    « Est-ce la raison pour laquelle vous désirez… ? »
    « Cette nouvelle organisation va-t-elle également concerner votre activité ? »
    « Souhaiteriez-vous également… ? »

Outre l'aspect très utile de cette technique, elle permet également de démontrer votre attention et l'intérêt que vous portez aux propos de votre correspondant.

● Des vertus de l'écrit au téléphone

La prise de notes au téléphone est indispensable et vous avez toujours soin d'avoir de quoi noter à portée de main.

Improve your telephone skills

● Avoid misunderstandings or inaccuracies

You have probably noticed that it proves quite useful to request particulars or even sometimes reword an idea to make sure of your comprehension.

You can ask for example:

- When you want to check your comprehension
  "You did ask me to let you have..."
  "You did tell me that the deadline was..."
  "Would you mind repeating the precise time of our appointment?"
  *"So, you'd like to know **whether**..."*

ALERTE PIÈGE (ne pas confondre) :
"whether" = si (oui ou non)
"if" = si (condition sine qua non).

- When you need further information
  "Could you give me some particulars about...?"
  "Have you got some more detailed information about...?"
  "Is that the reason why you want to...?"
  "Will this new structure also affect your activity?"
  "Would you also like to...?"

This technique is not only very useful, but it also allows to demonstrate your attention and the interest you show towards your party.

● The importance of taking notes on the phone

Taking notes during a phone conversation is essential, you have to have pen and paper at hand.

En effet, comme dans le cadre de nombreuses situations professionnelles, la prise de notes permet :
- de mémoriser plus efficacement les informations (en particulier les chiffres, les noms propres, etc.), dont vous pourrez avoir besoin plus tard ;
- de « rebondir » sur des questions, des arguments, des reformulations, etc ;
- de faire ressentir à son interlocuteur que l'on « suit » bien la discussion et que l'on prend en compte le besoin ;
- de conserver une trace de la conversation, y compris pour une transmission d'information à d'autres services dans l'entreprise.

De plus, dans un certain nombre de situations, il s'avère utile de confirmer les termes d'une conversation téléphonique par fax ou par mail (d'une part lorsque l'on a pris ou demandé des engagements, d'autre part pour éviter tout malentendu).

Soignez vos réponses

L'interlocuteur qui vous appelle a des questions précises à vous poser et attend des réponses ciblées, mais il ne tombe pas forcément au « bon moment ».

Bien accueilli, votre correspondant sera dans de bonnes dispositions à votre égard et prêt à entendre vos explications.

N'oubliez pas que :
- vous n'avez pas toujours la « science infuse » et que certaines informations demandent à être vérifiées ;

As a matter of fact, as in many professional situations, this method is an efficient way to:
- fully memorise the information you will **require** later, especially figures, surnames...

ALERTE PIÈGE (ne pas confondre) :
"to require" = *avoir besoin*
"to request" = *demander.*

- find reasons to ask questions, find out new arguments, reword ideas...
- show your party that you are following the discussion, and that his requirements are being dealt with;
- keep track of the conversation particularly when a piece of information has to be passed on to other departments inside the company.

Moreover, it very often proves useful to confirm the terms of the phone conversation by fax or e-mail, both when commitments have been offered or taken and to avoid misunderstandings.

● Reply accurately to questions

The person calling has specific questions to ask and expects accurate answers. Nevertheless, he does not necessarily call at the right moment.

If he is nicely welcomed, he will be in a good mood and ready to listen to your explanations.

Never forget that:
- you are not supposed to know everything and that some piece of information sometimes needs to be checked;

- vous serez plus crédible si vous contrôlez avant de vous engager ;
- des explications claires et véritables seront toujours bien accueillies ;
- si vous n'êtes pas en mesure de confirmer une information, engagez-vous à rappeler ou à confirmer par écrit rapidement et surtout **faites-le** !

« Je ne suis pas en mesure de vous le confirmer dans l'immédiat »
« Puis-je vous rappeler dans la journée ? »
« Je dois vérifier auprès de notre service recherche et développement »
« Je dois obtenir l'aval de notre direction commerciale... »
« Je vous le confirme sans faute par fax demain matin au plus tard »

En tout état de cause, votre interlocuteur devra ressentir votre implication personnelle et votre volonté de lui apporter les réponses auxquelles il a droit.

Argumentez

Malheureusement, votre correspondant vous montrera très souvent son désaccord, contredira vos arguments et l'enjeu en terme de communication sera alors de taille. En effet, vous devrez parfois vous montrer ferme sans pour autant bloquer la discussion.

La qualité de votre argumentation dépendra alors des informations que vous serez en mesure de fournir afin d'expliquer, par exemple, les contraintes précises dont vous devez tenir compte afin de justifier votre position.

Improve your telephone skills

- you will be considered as someone reliable if you check information before committing yourself;
- clear and true particulars are always welcome;
- when you are not in a position to confirm some data, **undertake to** call back or to confirm by e-mail and **do it!**

ALERTE PIÈGE (ne pas confondre) :
"to undertake" = entreprendre
"to undertake to" = s'engager à.

"I'm afraid I can't confirm this immediately"
"Can I call you back today?"
"I have to check with our research and development department"
"I must report to our sales management"
"I'll confirm this to you by fax, tomorrow morning, at the latest".

In any case, your party will have to be convinced of your personal involvement and be **supplied with** all the answers he is entitled to.

EXPRESSION ET MOT CLÉ :
"to supply" est toujours suivi de "with" (devant le C.O.D).

Provide arguments.

Unfortunately, your party may very often disagree with you and dispute your arguments.
Then, you will have to demonstrate your communication skills. Indeed, while sticking to your position, you will try to avoid reaching a deadlock.

The quality of your arguments will then depend on the information you will be in a position to supply, so as to explain, for instance, the specific pressures you have to cope with, to account for your standpoint.

Il s'avère parfois utile de mettre en place un guide d'argumentation servant d'appui aux équipes du front office.

> *« Nos procédures de contrôle qualité imposent cette phase de vérification... »*
> *« Cette disposition figure dans nos conditions générales de vente... »*
> *« Notre service après-vente nous a fait savoir que... »*

Dans le même ordre d'idée, on peut dresser une check-list des principales objections et les alternatives de réponses possibles, selon les situations.

Cette check-list récapitulera l'ensemble des cas de figure rencontrés dans le passé et recensera les solutions proposées, sans oublier, bien entendu, de mettre en œuvre toute action préventive possible (voir « Apprenez à répondre aux objections », page 164).

- D'abord montrez votre préoccupation :
  > *« Oui, je comprends... »*
  > *« En effet, c'est ennuyeux... »*

- Puis explorez les causes :
  > *« À la suite de quelles circonstances... ? »*
  > *« Avez-vous vérifié sur la fiche technique ? »*
  > *« Avez-vous déjà rencontré cette difficulté auparavant ? »*

- Puis évoquez une solution :
  > *« Du fait de ces conditions exceptionnelles, nous pourrions... »*
  > *« Nous serions disposés à... »*
  > *« Nous pourrions envisager de vous accorder... »*
  > *« Nous pourrions accepter de... »*

Là encore, votre correspondant ressentira que vous cherchez à le comprendre et à lui apporter des solutions.

Improve your telephone skills

It proves useful, in some cases, to design an argument guide-book as a basis for front-office teams.

> *"Our quality control procedures impose this checking operation..."*
> *"This provision is mentioned in our standard terms of sale..."*
> *"Our after-sales department has advised us that..."*

Likewise, a check-list of the customary objections, as well as the relevant alternatives offered according to the situations can be **drawn up**.

EXPRESSION ET MOT CLÉ :
phrasal verb "to draw up" = rédiger, formuler.

It will go through the main cases met in the past and will itemise the solutions offered, while implementing simultaneously available rectifying actions (see "Learn how to reply to objections", page 165).

- First, show your concern:
  > *"Yes, I see your point of view..."*
  > *"Indeed, that's too bad..."*

- Then explore the causes:
  > *"Under which circumstances...?"*
  > *"Have you checked on the specification sheet?"*
  > *"Have you already met this difficulty before?"*

- Then suggest solutions:
  > *"Owing to these unexpected circumstances, we could...?"*
  > *"We would be prepared to..."*
  > *"We could consider granting you..."*
  > *"We could agree to..."*

Here again, your party will feel that you are doing your best to understand and offer suitable solutions.

Concluez sur une note sympathique

C'est sur cette dernière impression que restera votre interlocuteur, en particulier lors de la prochaine prise de contact.

Même si la discussion n'a pas été facile, elle doit trouver une issue satisfaisante qui permette de renouer avec une relation plus conviviale et plus confiante.

- Rassurez-le sur le respect de vos engagements :
    « *Comme convenu, vous serez prévenu en temps utile…* »
    « *Nous ferons le maximum pour respecter la date limite de livraison.* »
    « *Vous recevrez notre confirmation à la première heure demain, sans faute.* »

- Assurez-vous que tout a été dit :
    « *Avez-vous d'autres questions ?* »
    « *Puis-je vous apporter d'autres précisions ?* »

- Remerciez-le de son appel et saluez-le
    « *Merci de votre appel et à très bientôt…* »

C'est vous qui appelez

« Il est préférable d'appeler plutôt que d'être appelé. »

En effet, lorsque c'est vous qui appelez, votre situation est beaucoup plus confortable (sous réserve que vous trouviez votre interlocuteur) :

- vous choisissez le moment qui vous convient ;
- vous vous mettez en condition ;
- vous bénéficiez de l'effet de surprise, au lieu de le subir.

● Conclude on a pleasant note

Your party will remember this last impression, especially when he gets in touch next time.
Even when the discussion has been tough, you must try to find a satisfactory way out, thus allowing to recover a user-friendly and confident relationship.

- Show that you will meet your commitments:
    "As agreed, you will be advised in due time"
    *"We **shall** make every effort to meet our delivery deadline"*

REGISTRE SOUTENU :
"shall" a le sens de s'imposer une obligation.

"You will receive a written confirmation, first thing tomorrow morning, without fail"

- Make sure nothing has been forgotten:
    "Anything else you'd like to know?"
    "Do you need any other information?"

- Thank for the call and say good bye:
    "Thanks for your call, see you, good bye"

You are calling

"Calling is better than receiving a call".

Indeed, your situation is far more comfortable when you are calling (provided you get through to the person you want to talk to!):

- you choose the most suitable moment for you;
- you can get ready for the call;
- you take advantage of surprising your party instead of being surprised yourself!

Mais, pour tirer parti de cet avantage, un minimum de préparation est nécessaire.

Les points clés de la préparation
- **Fixez-vous un objectif**

Définissez l'objet précis de votre appel et, comme pour tout entretien commercial, fixez-vous un ou plusieurs objectifs selon les objections ou difficultés éventuelles que vous pourriez rencontrer.

C'est la meilleure façon, d'une part, de clarifier votre approche et votre propos et, d'autre part, de rentabiliser votre temps téléphonique.

Exemples d'objectifs :

- obtenir une information ;
- parler à un interlocuteur en particulier ;
- prendre un rendez-vous (voir « Prenez efficacement vos rendez-vous », page 60) ;
- décrocher une demande ou une commande ;
- se faire recommander auprès d'une autre entreprise, etc.

- **Ayez à portée de main les informations nécessaires**

Le fait de rassembler tous les renseignements vous permet de :

- réactualiser votre connaissance de l'historique du dossier ;
- en mémoriser les points clés ;
- être plus réactif par rapport aux éventuelles questions de votre correspondant ;
- ne pas avoir à vous lever ou à chercher (parfois désespérément !) des documents au beau milieu de la discussion.

However, a minimum preparation is necessary if you want to make the most of this advantage.

Preparation check-list

Set yourself a target

As for a sales meeting, define the precise subject of your call and settle one or several objectives according to the possible objections or difficulties you might have to face.

This is the best method both to clarify your approach and message and to save time.

Some examples of aims:
- to get some information;
- to talk to someone particularly;
- to make an appointment (see "Make an appointment efficiently", page 61);
- to obtain an inquiry or an order;
- to be recommended to an other company.

Have all the necessary information close at hand

Collecting all relevant information will help you to:
- update your knowledge of the file;
- memorise the key points;
- react more accurately to your party's possible questions
- avoid standing up and looking for some documents (sometimes desperately) in the course of the conversation.

Vous aurez donc pris soin de sortir de l'armoire le dossier concerné, d'ouvrir votre session informatique, de rassembler sur votre bureau (à l'exclusion de tout autre document) votre agenda ainsi que tout listing, tarif, documentation ou annuaire nécessaires.

● Préparez votre intervention

Dans le cadre d'un appel délicat, par exemple pour résoudre un mécontentement ou obtenir un arrangement, vous aurez tout intérêt à bien préparer votre intervention afin d'en garantir le résultat.

Vous pourrez, en particulier, préparer :
- des questions afin d'explorer le champ des possibilités

  « Pensez-vous que vous pourriez, éventuellement… ? »
  « Ne serait-il pas préférable de… ? »

- un argumentaire, afin de parer aux questions ou objections
- une liste des thèmes à aborder impérativement afin d'être sûr de ne rien oublier. Rien n'est plus agaçant que d'avoir à rappeler car vous avez omis de demander une information indispensable !

● Choisissez le bon moment

Le moment idéal pour vous ne l'est pas forcément pour votre correspondant !

Therefore, you will take the requested file from the cupboard, open your computer session, put your diary as well as all necessary listings, price-lists, literature or directories on your desk, and nothing else.

ALERTE PIÈGE (ne pas confondre) :
"literature" = la documentation commerciale
"documentation" = les documents officiels.

- **Get ready for the conversation**

In case of precarious calls, in order **to settle** a claim or to get an agreement for instance, it will be particularly important to prepare your call in order to lead it successfully.

EXPRESSION ET MOT CLÉ :
"to settle" = régler un litige
régler une facture.

You could especially foresee:
– specific questions to explore the solutions **available**

ALERTE PIÈGE (Faux amis) :
"available" = disponible
"valid" = valable (dans le temps).

"Don't you think we could possibly...?"
"Don't you think it would be better / advisable to...?"

– some arguments in reply to questions or objections
– a list of the topics to be raised, without fail, not to forget anything. It is very annoying to call back just because you have omitted to request some essential information!

- **Call at the right time**

The ideal moment for you is not necessarily the same for your party!

Il est en effet très important de tenir compte des jours et des créneaux horaires à respecter non seulement pour trouver votre interlocuteur au bureau, mais également pour le toucher à un moment où il sera en mesure de se rendre disponible pour vous.

De plus, il vous sera gré d'avoir tenu compte de ses propres impératifs car il s'agit, somme toute, d'une marque de respect (et vous aurez évité des pertes de temps et de patience à le rappeler en permanence pour rien !).

- **Regroupez vos appels**

Il est indispensable de se mettre en condition d'appeler, exactement comme de se mettre en condition lorsque l'on reçoit un appel.

Il est important, par exemple, de s'assurer que l'on ne sera pas dérangé ou interrompu, de se mettre au calme et de se détendre (voir « Votre comportement au téléphone », page 92).

De plus, en terme de gestion du temps, il est préférable de se dégager des plages horaires et de s'y consacrer pleinement afin de régler en continu l'ensemble des appels à passer, sachant que l'on améliore sa prestation en fonction du temps passé (sans aller toutefois jusqu'à la saturation !).

Le guide d'entretien en appel émis

- **Vérifiez l'identité de votre interlocuteur**

Mieux vaut en effet se « lancer » dans la conversation en étant certain d'avoir en ligne le service ou la personne souhaitée.

« Pourrais-je parler à M… ? »
« Pourriez-vous me passer M… ? »

Improve your telephone skills

It often proves very important to bear in mind the specific dates or timetable to be met, not only to find the right person at the office, but also to get through at a time when he will be available.

Moreover, the person will appreciate it as a sign of respect, and you will spare time and patience, instead of calling over and over again for nothing!

● **Set aside a specific time for making your calls**

Getting ready to call is as important as adapting your attitude rapidly when you receive a call.

It is important, for instance, to make sure that nothing will disturb or interrupt you during the call and to make yourself comfortable and relax (see "Your behaviour on the telephone", page 93).

In addition, in terms of time management, it is better to save special time for calls and to stick to it so as to settle all **pending** calls at a time, in so far as the more you call, the better your performance (without getting fed up with it, still!).

EXPRESSION ET MOT CLÉ :
"pending" = *en attente.*

Conversation guidelines

● **Check the identity of your party**

Clearly it is essential to make sure you have called the right department or person, before actually starting your conversation.

"Could I speak to Mr..."
*"Could you put me **through to** Mr..."*

ALERTE PIÈGE :
N'oubliez pas le "to" : il est obligatoire = "through to".

> « Suis-je bien au service commercial ? »
> « Qui est à l'appareil ? »
> « Vous êtes bien l'assistant de M. Smith ? »

● Présentez-vous

La formule de présentation reste immuable : saluer, le prénom suivi du nom, éventuellement la fonction et le nom de la société.

Se présenter c'est faire preuve de savoir-vivre, renseigner et rassurer son interlocuteur sur son identité.

> « Bonjour, Bernard Dupont, Société ABC »
> « Bonjour, Bernard Dupont, Responsable commercial de la Société ABC »

● Saluez en ménageant un silence pour la réponse

> « Bonjour, comment allez-vous ? »

Profitez de ce moment de prise de contact pour entamer une courte discussion informelle (si vous connaissez bien la personne).

> « Comment s'est passé votre voyage aux États-Unis ? »
> « Avez-vous bien profité de votre séjour ? »

● Exposez la raison de votre appel

Plus la présentation de l'objet de votre appel sera claire, brève et précise, plus elle aura de chances d'être bien comprise et traitée rapidement.

> « Je vous appelle à propos de... »
> « Je prends contact avec vous afin de... »
> « Je vous rappelle comme convenu pour... »

Improve your telephone skills

"Is that the sales department, please?"
"Who's speaking, please?"
"Are you Mr Smith's assistant?"

Introduce yourself

The introduction formula is standard: saying hello, the first name and surname, possibly the name of the company and your position.

When you introduce yourself properly, you show your good manners, you supply the appropriate information and you reassure your party.

"Hello, Bernard Dupond speaking, ABC company!"
"Hello, Bernard Dupond speaking, sales manager of ABC company!"

Say hello and leave time for the answer

"Hello, how are you?"

Take advantage of this moment when you get in touch, to start a discussion of mutual interest (**provided** you already know the person).

ALERTE PIÈGE (Faux ami) :
"provided (that) " ou "providing" = à condition que –
Ne pas confondre avec le verbe to provide = fournir.

"How was your trip to the US?"
"Did you enjoy your stay?"

Explain why you are calling

The more accurate, clear and brief your introduction is, the quicker it will be understood and processed.

"I'm calling you about..."
"I'm getting in touch with you in order to..."
"I'm calling you back as agreed to..."

© Éditions d'Organisation   **45**

● Soyez à l'écoute de votre correspondant

Cette étape est décisive car elle vous démontrera la réaction de votre interlocuteur, sa volonté d'aller plus avant dans la discussion, son adhésion éventuelle.

À l'inverse, elle donnera peut-être lieu à des objections ou des interrogations.

Ce sera alors à vous de jouer et, grâce à une écoute active, à la prise de notes et à une très bonne préparation de votre entretien, vous serez en mesure d'argumenter, de faire des contre-propositions et de parvenir au résultat escompté.

« Que pensez-vous de cette nouvelle offre ? »
« Qu'en pensez-vous ? »
« Seriez-vous d'accord pour organiser cette réunion le… ? »
« Je vous propose donc de… »

● Concluez et saluez

De la même façon qu'en appel reçu, vous utiliserez la reformulation afin de vous assurer de votre accord mutuel et vous aurez à cœur de clore la discussion sur une note agréable et conviviale ou sur une perspective de reprise de contact.

« Je reprendrai contact avec vous dans une quinzaine de jours… »
« Je vous confirme par fax notre réunion du 28 avril prochain »
« Je vous fais parvenir, comme convenu, notre devis »
« Je vous renvoie le contrat dûment signé en deux exemplaires »
« Je vous remercie d'avoir répondu à mes questions »

Improve your telephone skills

● Be attentive to your party

This is a decisive step as it will show your party's reaction, his will to proceed with the conversation and his possible approval. Oppositely, this might be the moment for objections and questions.

Your time will have come and you will be in a position to make arguments or counterproposals, and reach your expected goal, thanks to an active listening capacity, notes writing and a good preparation of your phone call.

"What's your feeling about this new offer?"
"What about that?"
"Would you agree to arrange this meeting on June 24th ?"

ALERTE PIÈGE :
"on" devant les dates traduit « le ».

"Then, I suggest..."

● Reach a conclusion and say goodbye

Exactly as for a received call, you will rephrase your mutual agreement to check it and do your best to complete your call on a pleasant and user-friendly impression or on the prospect of a further contact.

"I'll get in touch with you again within a **fortnight**..."

EXPRESSION ET MOT CLÉ :
"a fortnight" = 15 jours (en anglais britannique).

"I'll confirm by fax our meeting of 28th April next..."
"As agreed, I'll let you have our estimate..."
"I'll send you back the contract duly signed in duplicate"
"Thank you very much for answering my questions..."

« Merci encore du temps que vous m'avez consacré »
« J'espère avoir bientôt le plaisir de vous rencontrer »

La qualité de la prise de contact revêt un enjeu d'image tant sur le plan personnel que sur celui de l'entreprise que l'on représente sur le marché intérieur comme à l'international.

Ne perdez pas de temps au téléphone

Les décideurs de tout niveau (du dirigeant à la secrétaire de direction, en passant par l'acheteur), soucieux, comme tout un chacun, de se préserver et de gérer au mieux leur temps, ont mis en place des systèmes de barrage très efficaces qui demandent des trésors de patience et d'ingéniosité pour être déjoués.

Il faut tout de même noter que les « businessmen » de l'autre côté de l'Atlantique, même lorsqu'ils ont des responsabilités importantes, n'en sont pas pour autant injoignables (ils seraient six fois plus faciles à joindre par téléphone que leurs homologues français !).

Sans pour autant pratiquer le « harcèlement téléphonique » qui finirait par desservir votre démarche, vous devrez mettre en œuvre une méthodologie adaptée à votre interlocuteur.

Comment passer un barrage ?

Posez-vous d'abord la question : « **Quel est le moment le plus opportun pour joindre la personne ?** »

En effet, il n'est jamais bien venu de s'imposer à une heure de forte activité. Dans ce cas, vous serez à coup sûr mal reçu.

"Thank you for spending some time with me on the phone"
"I'm looking forward to meeting you soon"

What is at stake with the quality of phone contacts is not only your company's but also your personal brand-image both on the domestic market and abroad.

Save time on the phone

Like anyone else in the company, all decision-makers (including both directors, personal assistants and buyers of course) try to protect themselves and to save time. Thus, they have set up very efficient systems to avoid being disturbed by unexpected calls.

But American businessmen, even top executives, seem much easier to reach on the phone (up to six times more than French ones)!

Therefore a well-suited method will have to be implemented in order to get through (without harassing people on the phone!).

How to get through?

A key question is: **"When is the best moment to get through to the person?"**

As a matter of fact, you will not be welcome if you force yourself on a department at rush hours.

D'autre part, dans certains secteurs d'activité ou dans certains services, vos correspondants peuvent commencer plus tôt le matin ou terminer plus tard le soir ce qui permet de les joindre facilement à des horaires plus calmes et parfois directement car ils sont seuls (le cas typique est le dirigeant de PME souvent seul au bureau tard dans la soirée).

La stratégie à adopter sera également fonction du type d'interlocuteur qui va prendre en premier lieu votre appel.

Passer le barrage du standard

De plus en plus de sociétés sont dotées de réseaux téléphoniques type « Numéris » qui imposent de connaître le numéro de ligne directe pour pouvoir joindre une personne précise.

Dans le cas contraire c'est un serveur vocal qui vous accueille, ne vous laissant que peu d'options, la dernière étant un « opérateur » (lorsqu'il répond !).

Vous parvenez finalement à joindre la standardiste. Il vous faut dans ce cas donner l'impression que vous êtes un « habitué » de la maison.

Vous vous présentez d'un ton très assuré et vous énoncez le nom de votre entreprise.

Dans la foulée vous demandez la personne désirée et vous remerciez (comme si vous ne doutiez pas un instant de l'obtenir immédiatement).
Cette stratégie vise à impressionner la standardiste.

« Bernard Dupont, Société ABC, je souhaite parler à M. Durand, je vous remercie. »

Cela marche dans certains cas mais pas toujours, en particulier lorsque les consignes sont très strictes.

Moreover, in some fields of activity people start working earlier in the morning or leave later in the evening, permitting to get through to them more easily. Sometimes they can be reached directly as they are alone in the office (the typical example is the small-sized business manager who is still at the office and alone late in the evening).

The chosen strategy will also depend on the kind of person likely to take the call in the first place.

Getting past the switchboard

More and more companies are fitted with the "Numéris" system, which compels you to know the direct line of your party to get through.

Otherwise you will be welcomed by a vocal answering machine, leaving you very few options, the last being an "operator" (when someone answers at last!).

Eventually, you get through to the switchboard operator. Then, you will have to make him think that you are a "regular contact" of the company.

Introduce yourself with a self-confident tone, supplying the name of your company.

Then, without a break, request the person you want to talk to and thank the operator (just as if you did not doubt to be transferred immediately).
The aim of this strategy is to impress the switchboard operator.

"Hello, Bernard Dupont speaking, ABC company, I'd like to speak to Mr. Durand, thank you".

This does not work all the time, especially when the orders are very strict.

Attention ! Si vous ne disposez pas du nom de la personne (ce qui constitue un obstacle supplémentaire), ne demandez jamais à la standardiste le service concerné, elle se doutera que vous n'y connaissez personne.

Trouvez dans ce cas des idées de substitution :

 « Je n'ai pas le dossier sous les yeux… »
 « Je n'arrive pas à déchiffrer son nom sur le courrier… »

Enfin, que répondre ou plutôt comment ne pas répondre, à la fameuse question : « Est-ce pour une offre de service ? », en particulier lorsque c'est le cas ?!!

La meilleure solution est d'éluder la question en ne répondant ni « oui » ni « non » mais en faisant référence à un précédent contact même vague.

 « Notre responsable voudrait avoir son avis sur… »

● On vous a passé la secrétaire

Vous pouvez adopter le même type de stratégie avec cependant un ton plus convivial et moins assuré.

Donnez également une justification à votre appel qui puisse à coup sûr intéresser son patron, afin qu'elle ne soit pas tentée de clore rapidement par une fin de non-recevoir.

Exemples de justification :

 « Je dois lui confirmer une information concernant…, il attend mon appel »
 « Je souhaite m'entretenir avec lui à la suite d'un courrier… »
 « Nous avions convenu de nous rappeler dans la semaine afin de finaliser un projet… »
 « J'ai l'opportunité de lui faire un offre complémentaire qui ne manquera pas de l'intéresser »
 « Nous sommes en mesure de lui proposer de meilleures conditions… »

If you do not know the name of the person you want to speak to (which is obviously an extra barrier), never ask just the department. The switchboard operator will guess that you have never been in touch with anyone.

In this case find replacement ideas:
> *"I haven't got the file at hand..."*
> *"I am at a loss to figure out his name on his mail..."*

Finally what to say, or better how to avoid answering the famous question: "Is that for an offer?", especially when it is true!

The best solution is probably to avoid answering neither "yes", nor "no" and to refer to a vague former contact.
> *"Our manager would like to know his feeling about..."*

You have been transferred to the secretary

The same strategy can be used, although a more friendly and more persuasive tone must be adopted.

Examples to justify your call:
> *"I must confirm some information about..., he's expecting my call"*
> *"I'd like to talk to him further to a letter..."*
> *"We agreed to get in touch this week to finalise a project"*
> *"I have the opportunity to make a complementary offer that he will, no doubt, find quite interesting"*
> *"We are in a position to offer better **terms**..."*

EXPRESSION ET MOT CLÉ :
"terms" se traduit toujours par « conditions ».

> « *Je souhaite le remercier à la suite de…* »
> « *Nous vérifions auprès de nos clients la qualité de nos prestations* »
> « *Je prends contact avec lui afin de lui proposer une solution concernant une difficulté que nous anticipons…* »
> « *Nous sommes situés en province et je privilégie toujours le contact direct par rapport au courrier* »

Cette stratégie vous permettra de mettre en confiance la secrétaire en lui divulguant l'objet de votre appel (sans en dire trop), ce qui valorise sa fonction et son niveau de responsabilité.

D'autre part, vous pourrez peut-être ainsi obtenir des informations utiles, voire son aide, l'heure propice pour rappeler, par exemple.

> « *À quelle heure me conseillez-vous de le rappeler ?* »
> « *Quel est le créneau horaire idéal pour le joindre en général ?* »

Mais attention, évitez de prendre rendez-vous directement auprès de la secrétaire sans l'accord de son responsable car vous risqueriez soit de voir le rendez-vous annulé, soit d'être assez mal reçu.

Il est conseillé de toujours confirmer directement avec l'intéressé.

● On vous a passé le plus proche collaborateur

Si c'est le cas, considérez-le comme le décideur, il en sera flatté et vous pourrez ainsi solliciter sa collaboration.

Montrez-lui que vous ne doutez pas du poids de son avis auprès de son responsable, et valorisez ses responsabilités (sans être ni mielleux ni obséquieux, bien sûr !).

"I'd like to thank him following..."
"We always check the quality of our services with our customers"
"I'm getting in touch with him to suggest an alternative solution regarding a difficulty likely to appear"
"Our company is located in the provinces and I always try to keep in touch by phone instead of writing"

This strategy may encourage the secretary to trust you by disclosing the subject of your call (without saying too much) and by emphasising her scope of responsibility.

Besides, you might collect useful information, or her help why not, for instance the best moment to call back.

"At what time do you advise me to call back?"
"Generally, what is the best time slot to contact him?"

But mind not to make an appointment directly with the secretary without the agreement of her manager as you will risk seeing your appointment cancelled or not welcome.

It is therefore advisable to confirm directly with the person concerned.

You have been transferred to the deputy

In this case, treat him as a decision-maker, he will be flattered and possibly ready to help.

Show him you are convinced of the influence he has on his manager, and emphasise his **responsibilities** (without soft-soaping too much, of course!).

ALERTE PIÈGE :
"Respon<u>si</u>bility" faute d'orthographe courante.

> « *Vous êtes sans doute au courant de…* »
> « *M. Durand a dû vous faire part de…* »

N'hésitez pas à le convaincre du bien-fondé et de l'intérêt de votre démarche :

> « *Vous considérerez avec moi que…* »
> « *Comme M. Durand me l'avait fait remarquer…* »

Enfin, proposez des alternatives pour obtenir une confirmation de son accord :

> « *Pensez-vous pouvoir faire le point avec lui dans la semaine ?* »
> « *Pourriez-vous me confirmer son accord par fax ?* »

De plus, vous aurez eu soin tout au long de votre conversation de :

- ne pas avoir un ton agressif ou méprisant ;
- rester concis dans vos explications ;
- être à l'écoute et adapter votre argumentaire plutôt que d'en réciter un tout fait !

Enfin vous soignez la prise de congé afin de laisser une impression favorable à votre correspondant.

> « *Je vous remercie de ces informations très utiles…* »
> « *Je vous remercie de votre amabilité…* »
> « *Je vous remercie de votre aide.* »

Il est très légitime de vouloir se protéger des « gêneurs » extérieurs mais attention à ne pas se retrouver dans un bunker entouré de Cerbères et n'oubliez pas que : **en France, un tiers des prospects qui appellent une entreprise se heurtent à un barrage !**

"You must be aware of..."
"Mr. Durand must have told you about..."

Do not be shy about convincing that what you have to say is of interest.

"You will agree with me on..."
"As Mr. Durand made me noticed..."

Finally, suggest alternative offers to get his agreement.

"Could you sum up the situation with him within a week?"
"Could you confirm his agreement by fax?"

Moreover, throughout the conversation, you must:
- avoid being aggressive or scornful;
- be concise in your explanations;
- listen carefully and adapt your arguments, rather than repeating a ready-made one!

You will eventually be careful about the way you complete your call in order to leave a favourable impression to your party.

"Thank you very much for the useful information"
"Thanks for your help"

It is quite justified to protect yourself against nuisance but make sure you are not surrounded by watchdogs and **remerber that in France, one third of prospects cannot get through!**

L'entretien téléphonique en anglais

● Savoir filtrer un appel

Attention à ne pas vous transformer en Cerbère, mais sachez analyser l'intérêt réel que peut représenter ce contact pour l'entreprise !

Tout d'abord ne vous laissez pas impressionner par le ton de l'interlocuteur et vérifiez précisément son identité.

> *« Pouvez-vous me rappeler votre nom, je vous prie ? »*
> *« Pouvez-vous me rappeler la raison sociale et l'activité de votre société, je vous prie ? »*

Puis, faites-vous indiquer rapidement, quitte à être direct, l'objet exact de l'appel :

> *« Pourriez-vous me dire exactement de quoi il s'agit ? »*

Et terminez en entonnoir :

> *« S'agit-il d'une offre de service ? »*
> *« M. Durand a-t-il déjà été en contact avec votre entreprise ? »*

Si vous ne souhaitez pas de rendez-vous, déclinez la proposition de votre interlocuteur de déposer une documentation à l'accueil, car cela servira de prétexte à forcer un rendez-vous le jour venu :

> *« Adressez-la directement par courrier, elle nous sera remise sans faute »*

Gardez toujours la direction de la discussion et ne vous laissez pas entraîner dans la spirale des fausses alternatives :

> *« Avant de fixer une date de rendez-vous avec M. Durand, je voudrais savoir... »*
> *« Nous n'avons pas dans l'immédiat de projet dans ce domaine qui pourrait justifier un rendez-vous »*

Screening a call

Don't be a "fierce watchdog"! Rather learn how to analyse the actual interest of the call for your company!

First of all, do not let yourself impressed by the tone of the other party and check precisely his identity.
> *"Could you remind me of your name, please?"*
> *"Could you remind me of the name and activity of your company, please?"*

Then find out, even in a direct way, the precise subject of the call:
> *"Could you tell me precisely what it's about, please?"*

Next, complete by closed questions:
> *"Is it for an offer?"*
> *"Has Mr. Durand already been in contact with your company?"*

If you definitely do not want an appointment, turn down his proposition to leave some literature at your reception desk, for this is an excuse to call for a meeting when the day comes:
> *"You can send it directly by mail, we will get it"*

Always keep control of the conversation and do not let yourself get involved in a discussion on false alternatives:
> *"Before arranging an appointment with Mr. Durand, I'd like to know..."*
> *"We have no project in this field at the moment, which could justify a meeting"*

Conservez toujours un ton neutre et professionnel (personne ne pourra jamais vous le reprocher) et même si vous êtes agacé, ne le montrez pas.

Gardez l'initiative de la reprise de contact ou demandez de rappeler à une période précise :

> *« Je vous recontacterai après avoir pris connaissance de votre documentation »*
>
> *« Rappelez-moi dans une semaine, je lui aurai fait part de votre appel »*

Enfin, si après analyse, la démarche de votre interlocuteur ne peut pas intéresser votre entreprise, dites-le lui clairement et ne lui laissez aucun espoir, c'est aussi une façon de lui montrer que vous ne voulez pas qu'il perde son temps.

> *« Je suis navré(e) mais M. Durand ne donnera pas suite à votre offre de service car... »*

Prenez efficacement vos rendez-vous

La prise de rendez-vous par téléphone, souvent dans un contexte commercial, reste un exercice difficile car, on le sait bien, il est plus facile de dire « non » par téléphone qu'en face à face.

Avant d'appeler

Là encore, un minimum de préparation est indispensable avant de se lancer.

Comme pour tout appel émis, vous aurez eu soin de réunir et d'avoir sous la main toutes les informations nécessaires sur votre correspondant (voir « Ne perdez pas de temps au téléphone », page 48).

Improve your telephone skills

Try to keep a neutral and professional tone (no one could possibly complain about it), and never show you are annoyed, even when you are!

Keep the initiative of **resuming** the contact or ask to call back at a precise date.

 ALERTE PIÈGE (Faux amis) :
"to resume" = reprendre
"to sum up" = résumer.

"I'll call you back after studying your literature"
"Call me back in a week, I'll have told him about your call"

Finally, if after studying it, you find that the offer is of no interest for your company, say so clearly and leave no room for hope. This is a way to show that you respect his time.

"I'm sorry, but Mr. Durand will surely turn down your offer as..."

Making an appointment efficiently

Obtaining an appointment by phone, especially in a sales context, is difficult to achieve as it is obviously easier to say "no" on the phone than when you are facing someone.

Before calling

Here again, it is essential to get ready before calling.

So, collect and have at hand all the necessary information about your party (see "Saving time on the phone", page 49).

Vous vous serez remémoré l'historique du dossier (ou du compte) afin de faire valoir des arguments concrets sur l'intérêt d'un rendez-vous par rapport à toute autre solution.

Vous aurez éventuellement prévu un schéma de déroulement de la conversation sur le modèle des méthodes de marketing téléphonique (voir « Préparez vos entretiens téléphoniques », page 144).

Le déroulement de la prise de rendez-vous
- Créez une atmosphère agréable

Après la phase de la prise de contact (se présenter) et la validation de l'identité de votre interlocuteur, vous essayez de créer immédiatement une atmosphère agréable.

Traditionnellement on s'adresse en français en disant : « Bonjour monsieur ! », alors que dans les pays anglo-saxons on aura tendance à dire plutôt : « Bonjour monsieur Jones ! » ce qui est plus sympathique.

Tout va dépendre évidemment du degré de connaissance que l'on a de son interlocuteur.

Cependant la tendance est au rapprochement et il n'est pas rare d'entendre quelqu'un en France qui s'adresse à vous pour la première fois vous appeler par votre nom de famille. C'est en tout cas dans ce sens que l'on forme les chargés de clientèle au téléphone afin de personnaliser le contact.

Nous, Français n'en sommes pas encore au passage rapide à l'usage du prénom au 2ème contact comme chez nos voisins d'outre-Atlantique, mais qui sait, bientôt peut-être ?

Puis, vous allez essayer de capter l'attention de votre correspondant, sans toutefois divulguer immédiatement l'objet de votre appel.

Remember the background of the file (or account) so as to find relevant arguments to demonstrate the advantage of a meeting over any other possibility.

Try to foresee a conversation course as for phone marketing actions (see "Prepare your telephone conversations", page 145).

The development of an appointment making
• Create a pleasant atmosphere

After getting in touch (introducing yourself and your activity briefly), and making sure of the identity of your party, try to create immediately a pleasant atmosphere.

Traditionally, you start your call in French by "Good morning, sir!", whereas in English speaking countries it will be: "Hello mister Jones!", which is more friendly.

Of course, this will also depend on whether you know the person already.

The present trend is to be closer, and nowadays it is not unusual, in France, to hear someone calling you by your **surname**. This is the way phone marketing teams are being trained, so as to personalise sales contacts.

ALERTE PIÈGE *(ne pas confondre)* :
"first name" ou "christian name" = *prénom*
"surname" ou "last name" = *nom de famille.*

French do not yet call their business partners by their first name as in the US but may be soon that will change too!

Your aim is to get your party's attention, without disclosing immediately the subject of your call.

Le plus souvent la stratégie consistera à entrer dans le vif du sujet par des questions fermées qui appelleront à coup sûr des « oui ». Ainsi, vous amènerez votre interlocuteur à dévoiler son intérêt pour votre proposition de rendez-vous.

« Vous êtes bien responsable de... »
« Vous utilisez probablement... »

Ces questions vous permettent d'autre part d'explorer les besoins de votre interlocuteur et d'adapter ensuite votre argumentaire de prise de rendez-vous.

Sachez répondre aux objections classiques à la prise de rendez-vous

Il arrive parfois, en particulier en prospection, que l'interlocuteur cherche, par diverses objections, à éluder le rendez-vous, d'une part car il est très sollicité et d'autre part car il ne veut pas risquer de perdre son temps.

L'objection n'est donc souvent qu'un prétexte et doit être traitée en tant que telle.

Tout d'abord vous reconnaîtrez la pertinence de l'objection et vous enchaînerez sur un nouvel argument afin de relancer l'intérêt et d'obtenir un assentiment.

Quelques exemples d'objections et leurs réponses :

« Je n'ai pas le temps ! »
« Je pense que vous devez en effet être très occupé en ce moment, cependant cet entretien sera assez rapide et dans un créneau horaire compatible avec vos priorités »
« Je n'ai pas de budget / pas de besoin dans ce domaine ! »

Improve your telephone skills

Most of the time, the strategy will be to start directly by closed questions calling for positive answers.

Thus, you will lead your party to reveal his possible interest in a meeting.

"I've noted that you are in charge of..., aren't you?"
"You probably use this product, don't you?"

These questions will help you both explore your party's requirements and adapt your arguments to obtain an appointment.

● Reply to the customary objections to an appointment

Sometimes, especially while prospecting by phone, your party will try, through various objections, to avoid the appointment, first because he receives a lot of requests by phone, and second because he does not want to risk a waste of time.

The objection is just an excuse and must be dealt with accordingly.

First, acknowledge the objection and **proceed with** a new argument in order to restore interest and get an agreement.

ALERTE PIÈGE (Faux amis) :
"to proceed with" = continuer à
"to turn to" = procéder à.

Here are some examples of objections and their replies:

"I'm too busy!"
"I know that you must be quite busy at the moment, though our appointment might be short and adapted to your time requirements"
"I have no budget / no needs in this field!"

© Éditions d'Organisation

> « Je comprends tout à fait, c'est pourquoi je vous propose une simple visite d'information afin que vous puissiez découvrir l'intérêt/ la compétitivité de nos produits »
> « Rappelez-moi plus tard ! »
> « Bien entendu, cependant nous pouvons actuellement vous faire bénéficier d'une offre tout à fait attractive »

Ces réponses montreront à votre interlocuteur que vous ne réagissez pas de façon émotive et que vous êtes un professionnel.

- **Expliquez clairement l'objet d'une rencontre et son intérêt**

Bien entendu, au-delà de la simple réponse à l'objection, vous devrez néanmoins convaincre votre interlocuteur du réel intérêt d'un rendez-vous par rapport à toute autre forme de contact.

Attention cependant à ne pas en dire trop, ce qui rendrait la perspective d'un rendez-vous inutile !

Prenons quelques exemples d'arguments susceptibles de peser sur la décision d'accepter le rendez-vous :

> « Il serait préférable de nous rencontrer afin que je puisse vous faire une démonstration de notre matériel »
> « Je pourrais vous proposer de venir vous apporter et vous présenter des échantillons de nos meilleures références »
> « Une rencontre nous permettrait d'analyser précisément vos besoins sur la base de notre documentation détaillée »
> « Nous pourrions, lors de ce rendez-vous, élaborer ensemble le cahier des charges de vos besoins en particulier sur le plan technique »
> « À l'occasion de ce rendez-vous, je pourrai prendre connaissance de votre appel d'offres et vous préciser nos conditions de vente / paiement, etc »

"Oh, I understand quite well, that's why I suggest to supply you with some updated information, to let you discover the competitiveness of our products"

"Call me back later!"

"...of course, though you could profit by a very attractive offer at the moment"

These answers demonstrate to your party that you do not react emotionally and that you are a professional.

● Explain clearly the subject of a visit and its interest

Beyond the basic reply to an objection, you will have, of course, to convince your party that a meeting is worthwhile as compared to any other possibilities.

Mind not to say too much as this might make the appointment useless!

Let's take some examples of arguments likely to influence the decision to accept a meeting:

"It would be preferable to meet so that I could demonstrate our equipment"

"I could come with some samples of our best references"

"A meeting would give us a chance to look closely at your particular requirements and match them to what we can do"

"If we met, we could draw up together your schedule of conditions, especially from a technical point of view"

"In a meeting, I could study your tender and give you some particulars about our terms of sale and payment"

Si, malgré ces différents arguments, votre interlocuteur « bloque » toujours, il faut savoir détecter l'absence réelle de besoin ou attendre un moment plus propice et clore la conversation en prévoyant toutefois une relance car les situations peuvent évoluer.

En effet, lorsque l'on veut aboutir à un rendez-vous à moyen terme, il faut toujours essayer de garder l'initiative de rappeler afin de démontrer son intérêt pour l'entreprise et de pouvoir gérer ses relances de façon optimale, sans omettre aucun contact.

> *« Je comprends tout à fait, dans ce cas je vous rappellerai dans trois mois afin de connaître l'évolution de vos besoins »*
> *« Et bien je reprendrai contact avec vous lors de la préparation de votre prochaine campagne afin de faire le point de vos besoins et de convenir d'un rendez-vous »*

Comment parvenir à un accord ?

En fonction des différents arguments que vous présentez, la réaction de votre correspondant peut être variable et il vous faudra détecter le moment où son intérêt s'éveille.

À ce stade de la conversation, afin de donner du poids à vos arguments, vous ralentirez le débit de votre parole, soulignerez les éléments importants et vous exprimerez avec beaucoup de clarté et sans hésitation.

C'est le moment clé où la décision peut basculer et il ne faut pas manquer cette occasion de parvenir rapidement à un accord sur une date et un horaire de rendez-vous et sans laisser de temps mort avant de conclure.

En effet, veillez à ne pas trop « en rajouter » ce qui pourrait laisser le temps et l'occasion à votre correspondant de changer d'avis.

Improve your telephone skills

If, despite all these arguments, your party still refuses, you are to understand that he probably has no real needs or that a better moment must be chosen. In this case, you complete the conversation and forecast some follow up as things may change.

When you want to obtain an appointment **in the medium term**, you should keep the initiative of calling back in order to show your interest for the company and to follow up your contacts efficiently.

EXPRESSION ET MOT CLÉ :
"in the short, medium, long term or run" = à court, moyen, long terme.

"I do understand, then I'll call you back in three months' time to know whether your needs have changed"
"Then, I'll get in touch with you again when you prepare your next campaign to sum up the situation and agree on an appointment"

● How to reach an agreement?

Depending on the various arguments you put forward, your party may react differently. You will have to discover the moment he starts being interested.

At this point, your speech should slow down, to give more impact to what you are saying. Underline the key elements and speak clearly and firmly.

This is the key moment when the decision is likely to be taken, thus the opportunity to find an agreement on a date and a time should not be missed. Furthermore, there must be no "time-out" before concluding the call.

Indeed, avoid being "over-enthusiastic", as this would leave time and opportunity to your party to change his mind!

> « Ce rendez-vous nous permettra de préciser les différents points de notre négociation »
> « Seriez-vous disponible cette semaine ? »
> « Préférez-vous mardi ou mercredi de la semaine prochaine ? »
> « Quel horaire vous conviendrait le mieux jeudi prochain ? »
> « Que penseriez-vous du lundi 24 juin à 14 heures ? »

Votre interlocuteur doit toujours avoir l'impression que c'est lui qui décide de la date et de l'horaire du rendez-vous.

● Confirmez le rendez-vous oralement, puis par écrit

Vous avez finalement convaincu votre interlocuteur de vous rencontrer !

Assurez-vous que vous vous êtes bien compris, en effet, rien n'est pire que de faire une erreur de date ou d'horaire dans un rendez-vous (même si vous n'en êtes pas responsable).

C'est pourquoi, outre la confirmation orale lors de la conclusion de la conversation téléphonique, il n'est jamais inutile d'envoyer par fax ou par mail une confirmation écrite.

- Confirmation orale :
  > « Nous avons donc convenu de nous rencontrer le jeudi 24 juin courant à 14 heures à votre siège social »

- Confirmation écrite :
  > Monsieur,
  > Nous avons le plaisir de vous confirmer notre rendez-vous du 24 juin prochain à 14 heures dans vos locaux au 26, rue Gambetta – 75010 PARIS.
  > Dans l'attente du plaisir de vous rencontrer,
  > Sincères salutations
  >
  > Signature

"This appointment will allow us to specify the different points of our negotiation"
"Would you be available this week?"
"Would you prefer Tuesday or Wednesday next week?"
"What time would you prefer next Thursday?"
"What about Monday 24th June at 2 p.m.?"

Always let your party feel that he decides on the date and time of the appointment.

- **Confirm the appointment by phone and then in writing**

You have convinced your party to meet you, at last!
Make sure you have duly understood each other, since there is nothing worse than mixing up a date or a time (even if you are not the one to be blamed).

That's why, although you have confirmed the appointment before completing your call, it proves useful to send a written confirmation by fax or e-mail.

- Spoken confirmation:

    "So, we've agreed to meet on Thursday 24th June at 2 p.m. at your office"

- Written confirmation:

    Dear Mr. …,
    We are pleased to confirm our appointment scheduled on Thursday **24th June** *instant at 2 p.m., at your head office, 26 rue Gambetta, 75010 Paris.*
    Looking forward to meeting you,
    Sincerely,

    Signature

Avant de raccrocher, n'oubliez pas de remercier votre interlocuteur de son intérêt et de terminer sur une note sympathique.

Enfin, vous attendrez que votre interlocuteur ait raccroché avant de faire de même, afin qu'il n'ait pas le sentiment que vous êtes pressé de terminer la conversation.

Laissez des messages exploitables

Nous avons souvent tendance, lorsque l'un de nos messages n'a pas été transmis, à en rendre les autres responsables. Mais est-ce toujours justifié ? Êtes-vous certains d'être vous-même un « professionnel » du message ?

Rien n'est moins sûr. Tout d'abord, il faut toujours prévoir d'avoir à laisser, éventuellement, un message, c'est-à-dire avoir clairement à l'esprit le contenu des informations ou l'objet exact de son appel, ainsi que la suite que l'on attend si la personne n'est pas là.

Cependant, les modalités du message seront différentes selon que l'on s'adresse à une personne ou à un répondeur (il vaut mieux avoir prévu les deux cas de figure !).

À une personne

Lorsque vous envisagez de laisser un message à une personne, un certain nombre de précautions s'imposent.

Tout d'abord veillez à vous faire préciser l'identité exacte ainsi que la fonction de votre interlocuteur. En effet, il est important de savoir, par exemple, si cette personne verra votre correspondant ou si elle ne pourra qu'essayer elle-même de le contacter.

ALERTE PIÈGE :
24th June, 2001 = *date en anglais britannique*
June 24, 2001 = *date en anglais américain.*

Do not forget, before hanging up, to thank him again and leave a pleasant impression.
Finally, mind not to hang up first, as your party might feel that you want to complete the conversation soon.

Leave usable messages

Generally, when a message fails to be transferred, we tend to put the blame on others. But is that always true?

Are you sure of being a professional "message-maker"?

Maybe not. First of all, the alternative of leaving a message must always be foreseen, i.e. bearing in mind the information or the precise subject of your call, as well as the kind of reply expected.

However, the way to leave a message will differ depending on whether you are talking to a person or a machine (both situations have to be planned).

To a person

When you consider leaving a message to someone, some precautions must be taken.

First of all, make sure of the identity and position of the person. It might be, for instance, important to know whether this person will see your party herself or whether she will only try to contact him.

De plus, vous aurez pris soin de noter ses coordonnées afin de pouvoir garder une trace de ce contact en cas de contestation éventuelle.

En second lieu, il faudra vous assurer que le message pourra être effectivement transmis, en fonction, par exemple, de la teneur du message, la personne est-elle en mesure de le comprendre, de le transmettre correctement ?

Ensuite, vous vous présenterez de façon précise, vous n'êtes pas universellement connu, et si l'on vous demande des explications, ne vous vexez pas, c'est tout à fait professionnel. Votre nom ne suffit donc pas toujours, ajoutez-y la raison sociale de votre entreprise et le service dans lequel vous travaillez ou votre fonction.

Essayez de donner à votre message un objet clair et concis afin d'éviter toute confusion ou distorsion des éléments d'information que vous souhaitez laisser à votre destinataire.

Trop de détails risquent de nuire à la bonne transmission de votre message (d'autre part, l'objet de votre appel ne concerne pas forcément tout le monde).

Laissez à la personne qui prend le message des coordonnées très complètes, susceptibles d'assurer une reprise de contact efficace : épelez votre nom, votre numéro de téléphone (fixe et mobile), votre numéro de fax, votre adresse e-mail, etc.

Précisez ensuite les modalités de reprise de contact que vous souhaitez : quand pouvez-vous être joint sans difficulté, dans quel délai devez-vous obtenir une réponse, par quel moyen pouvez-vous ou préférez-vous être recontacté ?

Enfin, dernière précaution, faites-vous relire le message pour vérification.

In addition, you will note her name and phone number to keep a precise record in case of dispute.

Second, you will have to make sure that the message will be correctly transferred in all its tenor, that the person is in a position to understand and forward it.

Then, introduce yourself accurately, you are not necessarily known worldwide. When you are requested to supply explanations, do not be hurt, this is just professional. Your name is not always sufficient, add the name of your company and your department or position.

Try to give your message a clear and short subject so as to avoid any confusion or distortion of the information you want to leave to your party.

Too many details are likely to be detrimental to the proper transmission of your message (moreover the subject of your message does not concern everybody).

Leave the person who takes the message comprehensive information on how to get in touch again successfully: spell your name, your phone number (both fixed and mobile), your fax number, your e-mail address and so on.

Then specify how you require to be contacted: when you are available, when you need a reply at the latest and how you prefer to be called back.

Finally, as a last precaution, ask the person to read the message back, to check.

L'entretien téléphonique en anglais

Voici un exemple de message complet et exploitable :

« Pourrais-je laisser un message à l'intention de M. Durand ? »

« Bien, pourriez-vous m'indiquer votre nom et votre fonction, s'il vous plaît ? »

« Pensez-vous pouvoir lui transmettre rapidement ? Quand pensez-vous voir M. Durand ? »

« C'est un message de la part de M. Bernard Dupont, Responsable commercial de la société ABC à Paris »

« Lui serait-il possible de décaler notre rendez-vous prévu le jeudi 24 juin à 14 heures, éventuellement au mardi 29 juin à la même heure ? »

*« Je vous laisse mes coordonnées complètes :
Je suis M. Bernard Dupont, je vous l'épelle D U P O N T
Mon numéro de téléphone et de fax direct est le 01 01 01 01 01 et mon numéro de téléphone portable est le 06 06 06 06 06
Il peut également me joindre sur mon e-mail : bdupont@abc.fr.*

Il peut me joindre aujourd'hui à partir de 15 heures ou demain de 8 heures 30 à 11 heures 30 par téléphone »

« Pourriez-vous me relire le message ? »

N'oubliez pas de remercier la personne du service qu'elle vous rend :

« Je vous remercie de votre amabilité et je compte sur vous pour lui transmettre mon message, bonne journée, au revoir »

Improve your telephone skills

Here is an example of a comprehensive and effective message:

"Could I leave a message for Mr. Durand, please?"
"Fine, could you tell me your name and position, please?"
"Do you think he'll have it soon? When do you think you'll see Mr. Durand again?"
"So, this is a message from Mr. Bernard Dupont, Sales manager of ABC company in Paris"
"Would it be possible to postpone our appointment scheduled on Thursday, 24th June at 2 p.m., possibly until Tuesday 29th June, same time?"

"I leave you my personal details:
My name is Bernard Dupont, I'll spell it for you: **D U P O N T**"

A [ei]	E [i]	I [aï]	M [èm]	Q [kiou]	U [you]	Y [ouaï]
B [bi]	F [èf]	J [djei]	N [èn]	R [ar]	V [vi]	
C [si]	G [dji]	K [kei]	O [eo]	S [ès]	W [double You]	Z [zi] or [zèd]
D [di]	H [eich]	L [èl]	P [pi]	T (ti)	X [èx]	

"My direct phone number or fax is 01 01 01 01 01 and my mobile phone number is 06 06 06 06 06. He can also contact me on my electronic mail: **bdupont@abc.fr**"

 PRONONCIATION :
@ is pronounced "AT".

"He can call me back either today from 3 p.m. or tomorrow from 8 30 to 11 a.m.
Could you read the message back please?"

© Éditions d'Organisation

Attention : n'attendez pas de la personne qui prend le message qu'elle s'engage pour le compte d'autrui, (*« je compte sur vous pour qu'il me rappelle dès son retour ! »*).

Sur un répondeur ou une boîte vocale

L'exercice est ici très différent ! En effet, on se trouve souvent pris de court par une annonce vocale qui laisse un temps de réaction très court.

Si vous n'avez pas préparé votre message, mieux vaut raccrocher et rappeler plutôt que de commencer à bredouiller au téléphone et de laisser un message totalement inexploitable !

Voici quelques conseils pour améliorer les messages que vous laissez sur des boîtes vocales :

- **Adressez-vous à votre correspondant comme si vous l'aviez véritablement en ligne**

En effet, il suffit de se mettre à la place de la personne lorsqu'elle prendra connaissance de son message ! Elle l'écoutera exactement comme si vous lui parliez en temps réel. Alors faites un effort même si cela semble curieux de s'adresser à une machine de cette façon.

De plus, commencez par nommer la personne afin qu'elle ait la certitude que le message lui est bien destiné…

« Oui, bonjour M. Durand ! »

…et essayez de prendre un ton sympathique et agréable !

- **Identifiez-vous clairement**

Pour que votre message soit pris en compte et traité, votre identité doit être précisément établie. Veillez à vous présenter de façon claire (prénom, nom, société) et à bien articuler afin d'être audible (n'oubliez pas la distorsion de la voix au téléphone).

Do not forget to thank the person for doing you a favour.
> *That's very kind of you, make sure he gets the message, thanks a lot, bye, bye"*

On an answering machine or a voice mail

The practice is quite different, here! Generally people are rather surprised by a voice mail, which leaves very little time to react.

If you have not prepared your message, it is better to hang up and call back instead of stumbling on the phone and leaving a totally unusable message!

Here is some advice to improve the quality of the messages you leave on voice mails.

• Talk to your party just as if he was listening in person

Indeed, just put yourself in the place of the person when he (or she) hears the message. Your party will be listening to it just as if you were talking to her. So, make it lively, even if it sounds strange to talk to a machine like this.

Besides, start by calling your party by his name so that he knows the message is destined for him.
> *"Oh, yes, Hello Mr. Durand!"*

...and try to use a friendly and pleasant tone!

• Identify yourself clearly

If you want your message to be taken seriously, make sure your identity is clearly understood. Introduce yourself precisely (first name, family name, company name) and articulate to be heard (mind that the voice is altered on the phone).

● Précisez la date et l'heure

Très souvent, les répondeurs enregistrent la date et l'heure du message reçu, mais dans l'incertitude mieux vaut le préciser à votre interlocuteur, cela lui permettra de savoir exactement le laps de temps écoulé depuis votre appel et quelle action entreprendre.

> *« Nous sommes le mardi 14 avril et il est 14 heures 30 »*

● Décrivez brièvement l'objet de votre appel

Là aussi la concision est de mise de façon à conserver une certaine clarté au message.

> *« Je voulais vous joindre à propos de notre rendez-vous prévu le 24 juin prochain.*
> *Malheureusement je suis obligé de le repousser car je serai retenu par un voyage d'affaires imprévu.*
> *Pouvez-vous me rappeler afin que nous puissions convenir d'une nouvelle date, j'en suis vraiment désolé »*

● Précisez la suite que vous attendez à votre message

En effet, c'est à vous de stipuler les modalités de réponse que vous souhaitez, en particulier par rapport à votre disponibilité.

Souhaitez-vous une réponse écrite ou orale, dans quel délai ?

Qui doit reprendre l'initiative ?

> *« Vous pouvez me joindre aujourd'hui à partir de 17 heures 30 au bureau, je vous rappelle mon numéro... »*
> *« J'essayerai de vous joindre demain à la première heure au bureau, entre-temps vous pouvez me contacter sur mon téléphone mobile au... »*

Attention : veillez à épeler lentement les numéros sur votre message : cela évitera à votre interlocuteur de le repasser en boucle pour essayer de noter le numéro !

Specify the date and time

Very often nowadays, voice mails also record the date and time of the message but, in case of doubt, you would better specify it, this will allow your party to assess precisely the time elapsed since you called and the steps to be taken.

"Today is Tuesday 14th April, it's 2 p.m"

Describe briefly the subject of your call:

Here again, delivering a short message is a guarantee of comprehension.

"I wanted to get in touch with you about our appointment scheduled on 24th June next.
Unfortunately, owing to an unexpected business trip, I'm obliged to postpone it.
Could you call me back to arrange a new date, I'm really sorry about it"

Specify what you expect from your message

Indeed, you have to stipulate the kind of answer you require, especially regarding your availability.

Would you rather have a written or spoken answer? When?

Who is supposed to call back?

"You can call me today at 5 30 p.m. at my office, I'll remind you of my number it's 01..."
"I'll try to call you back tomorrow, first thing in the morning. Meanwhile you can call me on my mobile phone, on 06..."

Spell telephone numbers slowly while leaving a message, so your party does not have to listen to it over and over again to catch it, at last!

D'autre part, indiquez avec précision les périodes où l'on peut vous joindre.

> « *Vous pouvez m'appeler au bureau entre 9 heures et 13 heures demain, puis à partir de 16 heures.*
> *Au-delà, vous pouvez me laisser un message de confirmation sur ma messagerie ou mon téléphone mobile.*
> *Dans ce cas je ne manquerai pas de vous rappeler* »

Et enfin vous concluez en saluant, toujours comme si vous vous adressiez directement à la personne concernée.

> « *J'attends donc votre appel et je vous dis à très bientôt, au revoir !* »

Also say precisely when you can be reached:

"You can get through to me at my office between 9 a.m. and 1 p.m. tomorrow, then from 4 p.m.
"After that you can leave a message on my electronic mail or mobile. If so I'll call you back without fail"

And finally, you say good bye as a conclusion, just as if you were talking to the person.

"So, I'll be expecting your call, see you, good bye"

UTILISEZ VOS ATOUTS DE COMMUNICATION

Votre comportement au téléphone

Votre corps : un instrument de communication, même au téléphone
- Connaissez-vous les techniques du yoga ?
- La maîtrise de la respiration
- La décontraction dans la concentration
- Décrispez-vous, vous éviterez la fatigue et l'exaspération
- Observez-vous discrètement

Votre état d'esprit
- Préparez-vous psychologiquement
- Préparez l'accueil de l'appel et l'émission des appels difficiles
- Soyez positif
- Oubliez tous vos soucis et les tracas momentanés
- Soyez disponible

Souriez pour être mieux entendu
- Pourquoi sourire au téléphone ?
- Le sourire et l'état d'esprit
- Cultivez la bonne humeur

Adaptez votre environnement : pour la qualité de la communication
- Veillez au calme du bureau où vous téléphonez
- Les téléphones portables créent parfois des communications difficiles
- Préparez votre bureau pour avoir tout sous la main
- Évitez le désordre qui fera perdre du temps à votre correspondant

Veillez à ne pas émettre de bruits parasites : tout s'entend
- Évitez la gomme à mâcher
- Ne faites pas deux choses à la fois
- Soyez concentré

Make the most of your communication assets

Your behaviour on the telephone
Use your body as a communication tool, even on the telephone
- Do you know yoga techniques?
- Control your breathing
- Relax and concentrate at the same time
- Lighten up, you will avoid weariness and irritation
- Keep an eye on yourself discreetly

Your state of mind
- Prepare yourself psychologically
- Get ready to receive and to make difficult calls
- Be positive
- Forget all your concern and temporary worries
- Be attentive

Smile to be heard better
- Why should you smile on the telephone?
- The smile and the state of mind
- Cultivate a good mood

Adapt your environment for good-quality communications
- Make sure your office is quiet when you are calling
- Cellular phones sometimes create difficult communications
- Have everything at hand
- Avoid untidiness which will waste your correspondent's time

Avoid unnecessary noise: everything can be heard
- No chewing gum
- Do not do two things at the same time
- Concentrate

Les dix points clés pour cultiver un comportement propice

Votre voix : un instrument à maîtriser
De la voix à la parole
- Votre voix : un support au fond de votre message
- Ce qui fait votre voix

La voix : donnez un style à votre communication
- Entre la musique et la parole : le charme de la communication
- Personnalisez les entretiens téléphoniques
- Dominez et cultivez votre niveau de langue
- Enregistrez-vous, écoutez-vous pour soigner votre image au téléphone

Les dix commandements pour dompter votre voix et lui donner un style

Améliorez l'impact de votre discours
La force de la parole
- Elle est un engagement, même si en Occident, on privilégie l'écrit
- Elle doit être respectée
- Soyez convaincant

Parler, comme téléphoner, est un « art »
- Construisez votre discours. Soyez structuré
- Cultivez la positivité
- Soyez reconnu comme un véritable professionnel

Le choix des mots : pour éviter les malentendus et pour rester positif
- Les mots et les tournures de phrases à éviter
- Connaître les façons de faire à l'étranger pour mieux communiquer

La bonne façon de conclure
- Prévoyez la chute de l'appel
- Restez maître de la relation

Les astuces

Make the most of your communication assets

The ten key points for effective phone calls

Your voice: a tool to be mastered
From the voice to the speech
- Your voice: the basic medium of your message
- What is your voice made of?

Thanks to your voice: give style to your communication
- Between music and words: the charm of communication
- Give a personal touch to your telephone conversations
- Try to be on the same wave length
- Record your conversations, listen to them and cultivate your image on the phone

The ten commandments to cultivate your voice and give it style

Improve the impact of your speech
The power of words
- A word of mouth is a commitment, even though we prioritise writing in western countries
- It must be met
- Be convincing

Speaking, like phoning, is an "art"
- Build up your speech and be structured
- Think positively
- Be recognised as a true professional

Choosing the right words: to avoid misunderstandings and remain positive
- Words and expressions to be avoided
- Be aware of foreign customs to improve your communication skills

The right way to reach a conclusion
- Foresee the end of the call
- Keep control of the relationship

Tricks and tips

Gardez le contrôle du dialogue

Suivez le fil du discours de votre interlocuteur
- Restez à l'écoute et montrez que vous êtes présent et réagissez
- Utilisez des formules pour récupérer le fil
- Reformulez et concluez sur la marche à suivre

Répondez aux objections positivement sans renvoyer la responsabilité à d'autres
- Cultivez le courage même dans les moments d'agression
- Soyez maître de la suite des événements

Connaissez les types d'interlocuteurs et préparez vos façons de réagir
- Pour éviter de perdre du temps avec les bavards : le sablier
- Pour amadouer les nerveux et agressifs : la gentillesse efficace

Pour garder le contrôle du dialogue : les sept règles d'or

Keep control of the dialogue

Follow the thread of your party's speech
- Listen carefully, show that you are there and react
- Use formulas to pick up the thread of the conversation
- Reword and conclude on the action to be taken

Respond positively to any objections without putting the blame on others
- Be bold even in difficult situations
- Keep control of what is coming next

Get to know your party and adapt your reaction
- To avoid wasting time with chatterboxes: the hourglass
- To persuade the highly-strung and aggressive persons: use effective kindness

Seven golden rules to keep control of the dialogue

Utilisez vos atouts de communication

L'art de communiquer est essentiel pour bien faire passer son message. Les règles de communication sont les mêmes au téléphone que dans la vie courante à cela près qu'il est plus difficile de bien communiquer sans le regard, *a fortiori* en utilisant une langue étrangère. Le regard sert de substitut ou de relais lorsque l'on n'arrive pas à trouver la bonne expression.

Au téléphone, le corps est absent, seule la voix sert de support aux échanges et pourtant, pour réussir une bonne relation téléphonique, le corps a un rôle important. Détendu, bien installé, il apporte à la conversation une meilleure atmosphère.

Pour être un bon interlocuteur au téléphone, votre discours doit être structuré et maîtrisé. Vous devez savoir où vous allez et comment conclure. Le dialogue doit être respecté : écouter son correspondant et lui répondre, mais aussi éviter une conversation inutile ou trop longue sans pour autant le vexer.

MAKE THE MOST OF YOUR COMMUNICATION ASSETS

The art of communicating is essential **to pass on** one's message well.

 EXPRESSION ET MOT CLÉ :
phrasal verb "to pass on to" = transmettre.

The rules of communication are the same on the telephone as in everyday life, although it proves more difficult to communicate well without the glance, let alone while using a foreign language.
The glance is used as a substitute or link when the proper wording is hard to find.

Although the body cannot be seen during telephone conversations, when the voice only is used as a communication medium, it still has an important part to play in the success of a good telephone relationship. If relaxed and comfortably settled, it helps to improve the atmosphere of the conversation.

To become a professional interlocutor on the telephone, your speech must be well-structured and controlled. You must know where you are going and how to reach a conclusion. The dialogue pattern must be respected: you listen to your party and reply, but avoid being involved in a useless or long-lasting conversation, and upsetting your party.

Votre comportement au téléphone
Votre corps : un instrument de communication, même au téléphone

Le corps est un intermédiaire. Il supporte notre être et selon son état, nous sommes plus ou moins avenants ou grognons. Dans un cadre professionnel, le corps doit se sentir à l'aise pour donner le meilleur de lui-même. Sans crispation, sans stress négatif, le corps se fait oublier comme la fatigue. On peut alors se donner à toutes les actions professionnelles sans se sentir entravé.

• Connaissez-vous les techniques du yoga ?

Le yoga, au-delà de la philosophie qui le porte, donne à ceux qui le pratiquent une maîtrise du corps et de ce qui est essentiel à la vie : le souffle et la respiration. Apprendre la respiration « à trois étages » apporte un meilleur contrôle de soi et du stress que les situations professionnelles difficiles génèrent.

Combien de personnes disent qu'elles sont angoissées, qu'elles ont du mal à gérer leur travail, leur situation familiale parfois délicate, leurs soucis quotidiens. Le yoga donne une distanciation et une décontraction bénéfiques dans la vie professionnelle.

• La maîtrise de la respiration

La respiration « à trois étages » comprend les étapes suivantes : on inspire ; on bloque la respiration en gardant les poumons pleins (aussi longtemps qu'on le peut) ; puis on expire et on bloque la respiration les poumons vides (là encore aussi longtemps que possible).

Your behaviour on the telephone
Use your body as a communication tool, even on the telephone

The body is an intermediary. Depending on our physical condition, we are more or less pleasant or grumpy. In a professional context, the body must feel at ease to give its best. While relaxing, without any negative stress, you can forget both your body and your tiredness. You can then devote yourself to your professional actions without any hindrance.

● Do you know yoga techniques?

Yoga, beyond the philosophy it conveys, brings to its adepts a perfect control of the body and of what is essential to life: breathing. To learn the "three-step breathing" brings a better self-control and helps to fight against the stress often generated by difficult professional situations.

How many people say that they are anxious, that they find it difficult to manage their work, or a delicate family life, or even their daily concerns. Yoga provides a beneficial distance and relaxation in everyday professional life.

● Control your breathing

Breathing on a three steps basis includes the following stages: breathing in; blocking the breath by keeping the lungs full (as long as possible); then breathing out and blocking the breath again by keeping the lungs empty (again as long as possible).

Les premières fois sont pénibles et au fur et à mesure des exercices, on maîtrise de mieux en mieux sa respiration et le blocage du souffle.

Cette technique permet de se contrôler, de contrôler sa réaction face au stress, de l'anticiper et de le dominer. Pour gagner une épreuve, il faut avoir du souffle. Cette expression appartenant au sport convient aussi dans toutes les situations professionnelles.

Respirez profondément pour bien vous préparer aux entretiens téléphoniques. Lors de l'entretien téléphonique, inspirez par le nez et expirez par la bouche. Vous serez plus à l'aise pour parler et le bruit de votre respiration sera plus discret et perturbera moins l'écoute.

La décontraction dans la concentration

Tous vos membres doivent être détendus. Tenez-vous bien droit, les épaules en arrière pour ne pas gêner votre respiration. Cette attitude vous décontractera tout naturellement. Mais attention, décontraction ne signifie pas indifférence. Au contraire. La décontraction doit vous apporter une meilleure concentration pour l'écoute.

Décrispez-vous, vous éviterez la fatigue et l'exaspération

Vous avez peut-être déjà remarqué que vous refermez votre main sur le combiné du téléphone et vous la gardez bien serrée. Au bout de plusieurs appels téléphoniques, vos doigts deviennent tout crispés et restent marqués par cette tension.

Si cette façon de faire montre une implication de votre part, elle n'en est pas moins préjudiciable à une bonne communication. Elle crée surtout une fatigue nerveuse qui, au fur et à mesure des appels, peut se transformer en exaspération.

Make the most of your communication assets

The first times are painful but thanks to progressive exercise, one learns to control both breathing and blocking of the breath. This technique improves self-control, as well as the control, anticipation and domination of stress.

A good breath is essential to win a competition. This sports expression can also applied to all professional situations.

Do not forget to breathe deeply to get ready for your telephone conversations. While speaking on the phone, breathe in with your nose and breathe out with your mouth. You will then be more at ease to speak and the noise of your breathing will be lower, thus improving your party's comprehension.

● Relax and concentrate at the same time

All your limbs must be relaxed. Hold yourself straight, your shoulders behind not to obstruct your breathing. This attitude will relax you quite naturally. But mind that relaxation does not mean indifference. On the contrary, relaxation should bring you a better concentration and listening capacity.

● Lighten up, you will avoid weariness and irritation

You have perhaps already noticed that when you close your hand on the receiver and keep it tight, after several phone calls, your fingers become very contracted and remain marked by this tension.

Although this gives **evidence** of your involvement, it can be detrimental to good communication. It can create nervous tiredness which can progressively turn into exasperation.

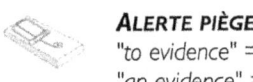
ALERTE PIÈGE (Faux amis) :
"to evidence" = prouver
"an evidence" = une preuve.

◉ Observez-vous discrètement

Pour garder une bonne forme physique, observez-vous. Remarquez lorsque le stress et la mauvaise humeur arrivent pour les contrôler. En effet, ils s'entendent au téléphone et vous empêchent d'être performant. Ayez une pensée positive et souriez en décontractant tous vos muscles. Vous pourrez alors traiter un appel en professionnel efficace.

Votre état d'esprit

L'état d'esprit fait tout. Lorsque l'on est positif, optimiste, on a pour soi tous les atouts. L'état d'esprit peut se créer et s'entretenir. Il suffit de le vouloir et de lutter contre les tendances pessimistes.

◉ Préparez-vous psychologiquement

La préparation permet de garder la sérénité dans des moments de surcharge et de stress lors des appels difficiles. Se visualiser en train de téléphoner et garder son calme dans toutes les situations est un excellent travail de préparation. Pour bien mener vos communications téléphoniques, vous devez être vous-même convaincu que, d'une part, c'est important et d'autre part, que vous réussirez à faire passer les intérêts de votre société.

◉ Préparez l'accueil de l'appel et l'émission des appels difficiles

En étant concentré sur votre action et en cultivant la sympathie tout en restant ferme sur les demandes et sur ce que vous pouvez accepter et ce que vous ne pouvez faire, vous vous préparez à être efficace et à bien traiter tout appel, entrant ou sortant.

Keep an eye on yourself discreetly

To remain in good physical form, keep an eye on yourself. Notice when the stress and bad mood are coming in order to control them. Indeed, they can be heard on the telephone and decrease your performance. Have positive thoughts and smile while relaxing all your muscles. You will be then able to deal with the call like an efficient professional.

Your state of mind

Everything is in your state of mind. When you are positive, optimistic, you have all your assets in hand. A state of mind can be created and maintained. You just have to want it truly and to fight against your pessimistic tendencies.

Get ready psychologically

It allows to be calm in case of extra work and stress when calling.

Visualise yourself on the phone and try to keep calm as a preparation work... In order to handle your calls well, you must be convinced that, on the one hand, it is important and that, on the other hand, you will manage to stand up for the interests of your company.

Get ready to receive and to make difficult calls

While focusing on your action and maintaining a user-friendly atmosphere and still sticking to your position (what you can accept and what you cannot), you get ready to deal efficiently with incoming or outgoing calls.

Dans cette préparation, la phrase d'accueil est essentielle :
- « *Guillemette Durand, bonjour…* »
- « *Stéphane Dupont, à votre service…* »

Les phrases d'accueil doivent montrer votre disponibilité et votre diligence ou empressement à répondre. C'est une des raisons pour laquelle, vous ne devez pas laisser sonner plus de trois fois votre téléphone. Cela fait mauvais effet pour le correspondant.

Répétez les scénarios d'appel sans que cela semble joué d'avance. Évitez de faire comme certains téléacteurs qui lisent leur argumentaire. Il est très désagréable d'entendre débiter des phrases que l'on sent construites au préalable.

● Soyez positif

La positivité, loin d'être un poncif, reste un critère clé de la réussite de chacun. Penser que l'on va réussir, c'est déjà un grand pas vers la réussite, à condition, bien sûr, de mettre tous les atouts de son côté.

Être positif, nous le verrons plus loin, c'est aussi une façon de s'exprimer. Ne jamais se laisser embarquer par des phrases ou des mots négatifs ou qui montrent des hésitations. Votre correspondant alors aura tendance à se méfier.

Les types de phrases à éviter :
- « *Non, nous n'avons pu le faire* »
- « *Nous ne le ferons que le…* »
- « *Je ne pense pas que cela soit possible pour cette date…* »

Dites plutôt ce qui est réalisable. Cela vous obligera à utiliser des phrases positives et votre correspondant réagira mieux, même s'il est fâché par le retard éventuel.

At this stage, the introduction is essential:
- *"Guillemette Durand, good morning..."*
- *"Stéphane Dupont, can I help you..."*

The welcoming sentence must show your attentiveness and your eagerness to answer. That's why you should not let the phone ring more than three times. This creates a bad impression on your correspondent.

Rehearse the scenarios of calls without sounding artificial. Avoid the telemarketing methods of reading sales leaflets. It is very unpleasant to listen to pre-established sentences delivered in an automatic voice.

Be positive

Being positive, far from being a commonplace, remains a key criterion of personal success. To think that you will be successful is already a great step towards success, provided, of course, that you are holding all the winning cards.

As we will see later, being positive is also a way of expressing oneself. Try not to use negative sentences or words or show hesitations. Otherwise your party will tend to be defiant.

Types of sentences to be avoided:
- *"Unfortunately, we couldn't manage to do it..."*
- *"We can only do it..."*
- *"I'm afraid we cannot do it for this date..."*

Rather stress what can be achieved. This will lead you to use positive sentences and your correspondent will react better, even if he is annoyed by a possible delay.

Pour cela, cultivez l'esprit positif. Voyez toujours le bon côté des choses. Vous vous en porterez mieux et vos résultats professionnels aussi.

● Oubliez tous vos soucis et les tracas momentanés

Lorsque vous quittez votre domicile, laissez vos tracas domestiques chez vous. De même, au bureau, sachez oublier et neutraliser les éventuels échanges acides avec collègues ou responsables pour ne vous consacrer qu'à vos entretiens téléphoniques.

C'est ainsi que vous ouvrirez la porte à la disponibilité et à la bonne écoute. Dès qu'une pensée vous projette dans une pensée négative, chassez-la. Vous la retrouverez bien assez tôt.

● Soyez disponible

L'écoute, l'ouverture aux autres, ne peuvent se faire que si vous créez en vous la disponibilité. Donner son énergie, accorder de l'importance aux autres et à leurs problèmes professionnels demande d'être extraverti tout en sachant mesurer ce que l'on donne pour ne pas être outrancier dans ses propos ou dans son comportement.

- « *Oui, je vais faire le nécessaire* »
- « *Oui, je suis à votre disposition* »
- « *Oui, je m'en occupe immédiatement* »
- « *Oui, Monsieur Durand vous rappellera dès que...* » *(en vous assurant qu'il le fera)*
- « *Oui, vous pouvez rappeler quand vous voulez. Je suis joignable de 9 h à 12 h* »

Souriez pour être mieux entendu

Le sourire apporte à la voix une sonorité de détente. La prononciation et l'articulation sont plus agréables.

Make the most of your communication assets

In this respect, develop your positive spirit. Always see the good side of things. You will feel better and your professional results will improve.

● Forget all your concern and temporary worries

When you leave home, leave your domestic worries at your place. Similarly, when you are at your office, try to forget and neutralise possible arguments with colleagues or managers and only focus on your telephone conversations.

Thus you will leave the door open and improve your listening capacity. As soon as a negative thought appears, drive it out. It will come back to your mind early enough!

● Be attentive

You cannot listen and be open to others if you do not make yourself attentive. Giving one's energy and showing interest to others, requires to be extrovert. But do not be extreme.

- *"Yes, I will take the necessary steps"*
- *"Of course, I am at your disposal"*
- *"Yes, I'll see to it immediately"*
- *"Yes, Mr Durand will call you back as soon as... (and make sure he **does**)"*
- *"Yes, you can call me back whenever you want. I can be contacted from 9 a.m. until noon"*

Smile to be heard better

Smiling makes your voice sound relaxed. The pronunciation and the articulation are more pleasant.

Pourquoi sourire au téléphone ?

Le sourire s'entend au téléphone. Il appartient à l'accueil. Accrochez un sourire à vos lèvres. Il vous donnera l'image d'un professionnel épanoui avec qui l'on a envie de traiter ses affaires. Il ne s'agit pas d'être béat, mais plein d'énergie et d'humeur positive.

Le sourire et l'état d'esprit

Le sourire ouvre la disposition au bien-être. Vous créez alors autour de vous une bonne ambiance et, au téléphone, une sensation de communication aisée. Ce « truc » des standardistes fait aussi recette pour tout bon communicant et puis, le sourire, s'il ne coûte rien à celui qui l'offre est tellement important pour ceux qui le reçoivent. Il crée la confiance et l'écoute.

Cultivez la bonne humeur

Sans être benêt ou trop désinvolte, ce qui peut déclencher chez votre interlocuteur une réaction d'agacement, la bonne humeur apporte la détente suffisante pour faire passer des messages difficiles. Évidemment, il faut éviter les tons enjoués lors de discussions épineuses. Cela amène à penser que vous traitez les affaires « à la légère », ce qui est préjudiciable à l'image de marque et de sérieux de votre entreprise.

Méfiez-vous aussi des sourires forcés ou sur commande, tout comme des tons mielleux qui sont la preuve d'une forme de désinvolture. Le naturel est la meilleure des recettes.

Adaptez votre environnement : pour la qualité de la communication

Les téléphones ont d'excellents micros et tout s'entend. Aussi pour une communication de qualité, le bureau doit être aménagé de telle sorte que les bruits parasites ne viennent pas envahir l'espace sonore de votre correspondant.

Why should you smile on the telephone?

Your smile can be "heard" on the phone. It belongs to a good-quality reception. Put a smile on your lips. This will convey the image of a professional in full bloom with whom one wants to do business. Of course avoid smiling vacuously, but rather appear full of energy and in a positive mood.

The smile and the state of mind

Smiling will make you feel well. You will thus create a pleasant environment around you particularly on the telephone, a feeling of easy communication. This "trick" of the operators can also be used in any communication context. Moreover, if a smile does not require much effort from the one who offers it, it can have a lot of value for the one who receives it. It creates confidence and promotes listening.

Cultivate a good mood

Be mellow, but not stupid. Displaying an even temperament makes it easier to convey tough messages. Obviously, it is advisable to avoid a playful tone during thorny discussions. This could make your party think that you do not take things seriously, which could be detrimental to the brand-image of your company.

Also watch out for forced smiles, as well as sugary tones which could be considered as a proof of insincerity. Being yourself is the best advice.

Adapt your environment for good-quality communications

Modern telephones are fitted with excellent microphones and everything can be heard. Therefore, for a good-quality communication, the office must be orderly so that your party will not be disturbed by superfluous noise.

Veillez au calme du bureau où vous téléphonez : tout s'entend

Vous devez préserver un certain calme autour de vous. La turbulence, les allées et venues des collègues ou du patron toujours pressés, créent une gêne tant pour celui qui émet que pour celui qui reçoit l'appel. Pour éviter les maladresses, faites respecter le calme nécessaire sans pour autant jouer les parangons de vertu. Exercice difficile. Observez que certaines voix s'entendent de loin. Attention alors à la confidentialité de propos ainsi qu'au chahut parfois dû à une effervescence dans le service. Il faut éviter aussi de téléphoner dans des locaux où se trouvent des machines bruyantes (photocopieurs, imprimantes...).

Les téléphones portables créent parfois des communications difficiles

Les portables, par nature, sont utilisables n'importe où. Et là commencent les difficultés de bonne communication, par exemple, dans les lieux publics (gares, aéroports, rues...) et plus encore dans les lieux (trains par exemple ou voiture) où d'autres peuvent entendre la communication.

S'il est inconvenant d'étaler sa vie privée, il est encore plus désagréable pour ceux qui entendent et ceux avec qui l'on téléphone de savoir que la communication n'est pas confidentielle. Surtout lorsqu'il s'agit de conversations professionnelles. On ne sait jamais qui est près de soi dans le train. Peut-être un concurrent...

Un autre danger du portable : ne pas avoir de quoi noter la conversation et donc le risque d'oublier un rendez-vous fixé ou un engagement.

- **Make sure your office is quiet when you are calling**

You must protect yourself against noise. Noisiness, the comings and goings of rushing colleagues or managers, can interfere with your conversation and disturb both parties. To avoid awkwardness, force people to keep silent, without turning into a dragon! Difficult balance! Mind that certain voices can be heard from a distance. Be careful to protect the confidentiality of your conversation and avoid uproar sometimes due to a turmoil in the department. Try also to avoid phoning in buildings where noisy machines have been installed (photocopiers, printers…).

- **Cellular telephones sometimes create difficult communications**

Cellular phones can, by nature, be used anywhere. This is the starting point of difficulties, for example, in public places (stations, airports, streets…) and even more in places where others can hear the conversation (trains for example or cars).

If it is improper to display your private life, it is even more unpleasant for those who are listening, let alone for your party, who is aware that his conversation is being heard. You never know who is sitting next to you in the train. A competitor perhaps…

Another danger of the cellular phone is the impossibility of taking notes and thus running the risk of forgetting a fixed appointment or a commitment.

L'entretien téléphonique en anglais

- **Préparez votre bureau pour avoir tout sous la main**

Le bureau est souvent encombré de tous les dossiers en cours. Pour téléphoner efficacement, un attirail minimum est nécessaire : des fiches téléphoniques à transmettre à un destinataire éventuellement, un cahier pour tenir une sorte de « main courante » de tous les appels et toutes les actions à mener, l'ordinateur sur lequel se trouvent les dossiers.

- **Évitez le désordre qui fera perdre du temps à votre correspondant**

Parfois, dans la bataille de la journée, les dossiers et documents se trouvent éparpillés sur le bureau et ce désordre, dû à la rapidité de traitement demandé, peut générer des confusions et du temps perdu dans la recherche des documents spécifiques. À cela s'ajoute le stress créé lorsque l'on veut répondre vite et bien à toute demande.

Le désordre apporte une déstabilisation parce que ne pas retrouver un document porte sur les nerfs. Pour éviter ce désagrément, il suffit d'être méthodique, de faire des listes, de créer des dossiers en les classant selon l'ordre qui convient le mieux : alphabétique, alphanumérique, dates…

Veillez à ne pas émettre de bruits parasites : tout s'entend

- **Évitez la gomme à mâcher**

Par politesse vis-à-vis de votre correspondant, ne mâchouillez pas votre chewing-gum. Les bruits s'amplifient avec l'écouteur. Hormis le fait que cela n'est pas correct et peut gêner votre interlocuteur, vous allez entraver la discussion par vos bruits de masticage souvent sans vous en rendre compte dans le stress du travail.

Make the most of your communication assets

● Have everything at hand

Your desk is often covered with all the files in progress. To call efficiently, a minimum equipment is necessary: telephone index cards to pass on to someone if required, a book to record all the calls and all actions to be carried out, the computer including the files.

● Avoid untidiness which will waste your correspondent's time

Sometimes, in the course of the day, the files and documents are scattered over the desk and this disorder, due to the speed of required processing, is likely to create confusion and waste of time in the search of specific documents.

In addition to that, you have to cope with the stress of answering quickly and well to any request.

Disorder is destabilising as, when you fail to find a document, you get excited. To avoid this, you just have to be methodical, **make out** lists, create files by classifying them according to the best suited order: alphabetical, alpha-numerical, dates...

EXPRESSION ET MOT CLÉ :
phrasal verb "to make out" = établir un document.

Avoid unnecessary noise: everything can be heard
● Avoid chewing gum

In courtesy to your correspondent, do not chew away at your chewing gum. Noises are amplified by the receiver. It is not only rude but it can also disturb your interlocutor, and you will hinder the discussion by your noise of mastication without being aware of it, due to the stress.

Ne faites pas deux choses à la fois

Vous êtes très pressé et contraint par les délais toujours trop courts. Mais faire plusieurs choses à la fois, même si cela est très courant dans nos pays latins, peut faire perdre plus de temps qu'en gagner vraiment. Surtout lorsqu'il s'agit de conversation au téléphone. Vous risquez de perdre le fil, d'agacer votre correspondant.

Le mieux alors est de faire patienter un instant celui-ci afin d'être complètement disponible pour répondre à ses questions.

— *« Monsieur Durand, pouvez-vous patienter un instant, s'il vous plaît, je vais prendre votre dossier »*

Votre interlocuteur appréciera d'être bien pris en compte. Il sentira que vous ne vous occupez que de lui et de personne d'autre. Vous pouvez alors lui montrer qu'il est important.

Soyez concentré

La concentration est un exercice difficile qui demande de la force mentale. Parfois le bruit, l'agitation perturbent et empêchent de contrôler sa propre action. Fixez-vous un but, sachez le respecter.

Lors d'un entretien, vous devez savoir ce que voulez obtenir ou faire passer à votre correspondant.

La concentration va vous apporter la construction de votre argumentaire et la maîtrise de votre action.

● Do not do two things at the same time

You are always in a hurry, and have to make up for lost time. Still, doing several things at the same time, even if this is very customary in our Latin countries, can make you waste more time than you gain.

Especially when it is about telephone conversation. You are likely to lose the thread of the conversation, irritate your party. In this case it is advisable to keep him waiting one moment in order to be completely available to answer his questions.

– *"Mr Durand, could you stand by a minute, please, I'll get your file"*

Your party will appreciate being taken into account. He will feel that you are dealing only with him and nobody else. You can then show him that he is important.

● Concentrate

Concentration is a difficult exercise which requires a certain mental strength. Sometimes noises or turmoil are likely to disturb your mind and prevent you from controlling your actions. Set yourself a target, and manage to meet it.

During an interview, you must know what you want to obtain from your party or the message you want to pass on to him.

Concentration will help you to build up your arguments and control your actions.

Les dix points clés pour cultiver un comportement propice

1. Préparez-vous psychologiquement à émettre des appels et à les recevoir
2. Éclaircissez-vous la voix
3. Aménagez votre bureau ou l'espace dans lequel vous téléphonez afin d'éviter les bruits provenant des collègues
4. Si vous avez à votre disposition des boissons, évitez de boire ou de mâcher du chewing-gum lors d'un entretien téléphonique
5. Ayez à portée de la main tous vos instruments de travail : stylos, bloc-notes, dossiers
6. Veillez à l'ordre sur votre bureau de manière à éviter les gestes maladroits
7. Respirez calmement en utilisant la respiration ventrale
8. Détendez-vous et ne pensez qu'à l'appel que vous traitez
9. Commencez par appeler les entretiens les plus difficiles (la journée vous paraîtra ensuite plus facile)
10. Souriez, on vous entend !

The ten key points for effective phone calls

1. Psychologically get ready to give or receive a call
2. Clear your voice
3. Arrange your office or your working space in order to avoid noises from your colleagues
4. If you have drinks at hand, avoid drinking or chewing during a telephone conversation
5. Have everything you need at hand: pens, scratch pad, files
6. Keep your desk tidy so as to avoid awkward gesture
7. Use ventral breathing
8. Relax and only think about what you are doing
9. Start by the most difficult calls (the rest of the day will appear easier)
10. Keep smiling as this will be heard!

Votre voix : un instrument à maîtriser
De la voix à la parole
● **Votre voix : un support au fond de votre message**

Une voix reflétant l'énergie va donner confiance à l'interlocuteur et lui apporter un premier contact positif avant même l'échange de propos. Il faut veiller à éviter le décalage : une voix timide, atone, sans force pour traiter les problèmes est mal perçue. De même une voix exprimant l'insouciance, légère, riante, sera interprétée comme l'expression d'une certaine désinvolture et donnera une très mauvaise impression de l'entreprise. Cela peut être agréable pour un accueil au standard, mais pas dans un cadre de service commercial, achat ou tout autre.

● **Ce qui fait votre voix**

- le timbre : vous ne pourrez pas le changer (à moins de vous mettre à fumer pour lui donner une résonance rauque).
- le débit : rapide, il gêne la compréhension, trop lent, il énerve.
- la tonalité : poser sa voix permet de parler sans fatigue et de ne pas gêner votre interlocuteur.
- l'articulation : prononcer les mots avec attention. La manque d'articulation rend la discussion téléphonique inaudible, pénible à décrypter.
- le rythme : accentué, il donne de la vivacité à votre expression et soutient l'attention.
- la modulation va apporter un style à l'élocution. Il ne faut pas trop moduler sa voix ce qui donne un style en décalage avec les démarches professionnelles. Le style peut alors paraître apprêté, trop recherché.

Your voice: a tool to be mastered
From the voice to the speech
- **Your voice: the basic medium of your message**

When a voice reflects energy, it tends to give confidence to your party and brings a first positive contact even before exchanging words. A timid, dull voice can create a bad impression especially when coping with problems.

Similarly, a voice expressing unconcern, with a light, laughing tone, will be interpreted as the expression of demotivation and will give a very bad image of the company. This can be pleasant from a switchboard operator, but not within the framework of a sales or purchasing department, for instance.

- **What is your voice made of?**
    - the timbre: you cannot change it (unless you start smoking to give it a hoarse resonance).
    - the flow: when rapid, it hinders comprehension, when too slow, it irritates.
    - the tone: setting your voice at its right pitch allows you to speak easily and make your party comfortable.
    - the articulation: to pronounce words carefully. Lack of articulation makes the phone conversation difficult to hear and hard to decipher.
    - mind the rhythm of your speech: if you stress it properly, it will make your speech lively and draw attention.
    - good inflexion can add style to your speech. But above all avoid sounding phoney, as it might sound affected, too sophisticated.

La voix : donnez un style à votre communication

● Entre la musique et la parole : le charme de la communication

La musique de la voix doit être en accord avec le sens de la parole. Donner confiance, rassurer sur la démarche entreprise, sur ce qui sera fait, l'engagement, autant que sur la diligence que vous y mettrez. Le charme professionnel existe. Des interlocuteurs peuvent vous dire que vous avez une belle voix, que vous soyez homme ou femme. Que signifie « avoir une belle voix » ? Une voix chaude, agréable, qui donne confiance, qui donne envie de continuer la conversation.

● Personnalisez les entretiens téléphoniques

Soignez votre présentation au téléphone. Donnez vos prénoms et nom. De la même façon, utilisez les noms de vos interlocuteurs afin de montrer que vous les connaissez, sans pour autant utiliser leur prénom de manière familière. Cela ne se fait pas en France, même si la mode anglo-saxonne et américaine à appeler tout le monde par les prénoms a beaucoup influencé les façons de communiquer.

Le ton de la voix, l'allure d'élocution, la façon de s'adresser à votre interlocuteur va apporter un style à vos entretiens téléphoniques. Sachez éviter les traditionnelles conversations autour de la pluie et du beau temps. Cela peut agacer.
Souvenez-vous des particularités de chacun pour installer une communication plus conviviale.

● Dominez et cultivez votre niveau de langue

Le registre de la langue n'est pas toujours maîtrisé ou, par négligence, on ne se met pas au diapason de l'interlocuteur. Il est utile de sentir de quelle façon il aime s'exprimer.

Thanks to the voice: give a style to your communication

- **Between music and words: the charm of communication**

The music of your voice must be in line with the meaning of the words: to give confidence, to reassure on the action to be taken, your commitments, as much as on the deadlines to be met.

Professional charm exists. Your party can tell you that you have a pleasant voice, whether you are a man or a woman. What is the meaning of "a pleasant voice"? A warm, nice voice, which gives confidence, as well as the will to go on the conversation.

- **Give a personal touch to your telephone conversations**

Take care of your introduction on the telephone. Give your first name and name. In the same way, call your party by his name in order to show that you know him, without using his first name in a familiar way. This cannot be done in France as easily as in Anglo-Saxon countries, although the american fashion of calling everyone by his first name keeps influencing our ways of communication.

The tone of the voice, the pace of elocution, the way of addressing your party will bring a personal touch to your telephone conversations. Try to avoid talking about the weather. This can be irritating. Remember the characteristics of each person to create a more friendly communication.

- **Try to be on the same wave length**

Different people like to speak in different languages, some formal, some casual.

Vous devez prendre en compte la tenue du langage. Un style précieux ou un style familier du correspondant devra vous amener à adapter votre langue au sien afin de le mettre à l'aise.

Quelques exemples de niveaux de langue :
- *« Pensez-vous que nous allons être livrés dans les prochaines 24 heures ? Pouvez-vous, je vous prie, me le confirmer par fax ? »*
- *« Êtes-vous sûr qu'on va être livrés d'ici 24 heures ? Confirmez-le moi par fax, s'il vous plaît »*
- *« Alors, quand va-t-on être livrés ? D'ici 24 heures, j'espère ! Passez-moi un fax pour me le confirmer »*

Ce sont des subtilités qui doivent être senties pour mieux communiquer, sans décalage.

La langue étrangère renforce les écarts lorsqu'elle n'est pas bien maîtrisée.

● Enregistrez-vous, écoutez-vous pour soigner votre image au téléphone

S'entendre est souvent déroutant, choquant. On ne s'attend pas à avoir la voix que l'on entend. On ne la reconnaît pas. Enregistrer ce que vous dites lors d'un entretien téléphonique, cela vous permettra de juger votre façon de répondre et de traiter les appels. Vous serez surpris de ce que découvrirez et des critiques que vous vous ferez.

Make the most of your communication assets

You must **allow for** his language level.

 EXPRESSION ET MOT CLÉ :
phrasal verb "to allow for" = tenir compte de.

Adapt your language to your party in order to make him feel at ease.

Some examples of registers:

- *"Do you think that we will possibly receive our delivery within the next 24 hours? Would you be kind enough to confirm it by fax?"*
- *"Are you sure we will receive our delivery within 24 hours? Could you confirm it by fax, please?"*
- *"Then, when shall we receive our delivery? Within 24 hours, I hope! Send me a fax for confirmation"*

You must feel this language level to communicate better.

The use of a foreign language makes it even more tricky, especially when it is not mastered.

● Record your conversations, listen to them and cultivate your image on the phone

People are often surprised, even shocked when they hear their own recorded voice. They do not expect to have such a voice! They do not recognise it. To record what you say during a telephone conversation will enable you to assess your answers and the way you process your calls. You will be surprised at what you discover and by the criticisms you will apply to yourself.

Les dix commandements pour dompter votre voix et lui donner un style

1. Connaissez votre voix : enregistrez-vous et écoutez-vous pour corriger
2. Sachez poser votre voix
3. Articulez convenablement
4. Ne parlez pas trop fort ou trop bas
5. Attention au débit : ne soyez ni un moulin à paroles, ni une berceuse
6. Rythmez votre conversation. Ne soyez pas monotone
7. Modulez vos phrases
8. Soignez votre niveau de langue (sans pour autant vous écouter parler)
9. Ne soyez pas outrancier
10. Donnez-vous un style dans l'élocution

Améliorez l'impact de votre discours
La force de la parole

- **La parole est un engagement, même si en Occident, on privilégie l'écrit**

Si vous dites lors d'un entretien téléphonique à un interlocuteur que vous allez mener une action pour lui, faites-le. La parole donnée est un engagement. Veillez à respecter tout engagement, ce qui n'est pas toujours facile surtout face au nombre d'appels et de petits problèmes à traiter.

The ten commandments to cultivate your voice and give it style

1. Be aware of your voice: record and listen to it for correction
2. Pitch your voice correctly
3. Articulate clearly
4. Do not speak too loud or too low
5. Mind your speaking pace: be neither a chatterbox, nor a lullaby
6. Give your conversation a rhythm: avoid being monotonous
7. Inflect your sentences
8. Mind your language register (without listening to yourself)
9. Do not be extreme
10. Let your personality come through your speech

Improve the impact of your speech
The power of words:

- A word of mouth is a commitment, even though we prioritise writing in western countries

If you tell your party during a telephone conversation that you will carry out an action for him, do it. Word given is formal commitment. Make sure you meet all your commitments, although it is not always easy especially in case of numerous calls and small problems to be dealt with.

« Je prends note de votre demande et vous promets de vous rappeler »

« J'ai bien relevé ce que vous souhaitez et je vais transmettre immédiatement au service concerné »

● La parole doit être respectée

Si vous vous êtes engagé, veillez à ce que les personnes que vous impliquerez ensuite dans l'entreprise soient aussi respectueuses de l'engagement pris. Sinon, vous risquez de perdre un client ou une relation professionnelle. La surcharge de travail ou les soucis font parfois oublier ces petits engagements pris au fur et à mesure de la journée. Alors le mieux est de tout noter sur une « main courante », ainsi plus rien ne risque d'échapper.

● Soyez convaincant

Convaincre demande une énergie dans l'élocution et dans le ton que vous employez. Le correspondant en entendant une parole rythmée et dynamique ne doutera pas que vous répondrez à ses demandes. Si vous êtes dans la situation du fournisseur, le correspondant sentira que vous êtes décidé à ne pas accepter n'importe quoi. Il lui faudra négocier avec vous.

Pour cela, hormis être sûr de ce que vous avancez, soyez aussi très informé du fonctionnement interne de votre entreprise. Cela vous évitera d'être hésitant et de ne pas donner confiance à votre interlocuteur.

"I'm taking note of your request and I promise to call you back"
*"I've duly **noted** your request and I will forward it immediately to the department in charge"*

 ALERTE PIÈGE (Faux amis) :
"to note" = noter
"to notice" = remarquer.

It must be met

When you undertake to do something, make sure that the people involved in your company will also meet their commitments. If not, you are likely to lose a customer or a professional partner. Sometimes due to extra work or worries you are likely to forget these small commitments entered into through the day. Therefore, it is advisable to write them down in a daybook in order to keep track and remember them.

Be convincing

Your tone and elocution have to be energetic if you want to be convincing. When hearing a rhythmical and forceful voice, your party will no doubt feel that you will meet his requirements. If you act as a supplier, your party will feel that you are not prepared to accept things easily and that he will have to negotiate.

In this respect, be sure of what you suggest and have a precise knowledge of the inside workings of your company. This will allow you to avoid speaking hesitatingly and thus to reassure your party.

Parler, comme téléphoner, est un « art »

● **Construisez votre discours et soyez structuré**

La construction du discours doit être imperceptible pour le correspondant. Évitez de faire comme certains télévendeurs qui débitent leur argumentaire. Vous devez construire une logique dans tout ce que vous allez transmettre afin de garder la main lors de la communication.

Après vous être présenté ou avoir rappelé qui vous êtes et votre rôle dans l'entreprise, construisez rapidement et mentalement là où vous voulez arriver dans la négociation, ce que vous pouvez faire et ce que vous ne pouvez faire. Puis concluez en reprenant l'ensemble des points de manière synthétique pour entraîner votre correspondant dans la démarche. Bien sûr, tout cela doit se faire en vous assurant au fur et à mesure de la discussion que celui-ci est bien d'accord.

● **Cultivez la positivité**

Afin, d'emblée, de rassurer vote correspondant, utilisez les formules positives :

> *« Je vais traiter votre demande tout de suite. Vous pouvez me rappeler quand vous le souhaitez »*
> *« Je vais rentrer en contact avec le service commercial et ils vont vous rappeler demain matin à la première heure »*

Évidemment, il faut faire ce à quoi vous vous êtes engagé et ne pas oublier. Il faut aussi savoir dire non lorsque l'on ne peut pas faire autrement. Au moins, les choses sont claires et on ne pourra pas vous reprocher d'avoir promis ce que vous n'avez pas tenu.

Speaking, like phoning, is an "art"

● Build up your speech and be structured

Your party must not feel that your speech has been carefully built up. Avoid reciting your arguments like some phone marketing salesmen. Rather try to build up your message logically so as to keep control on the communication.

After introducing yourself and your position in the company, rapidly think over the goal you want to reach in the negotiation, what you can offer and what you can't. Then come to a conclusion, summing up all the elements to involve your party in the process.

You will of course manage to obtain your party's agreement all through the process.

● Think positively

In order to reassure your party from the start, use positive formulas:

> *"I'll deal with your request immediately. You can call me back early this afternoon"*
> *"I'll get in touch with the sales department and I'll get them to call you back first thing tomorrow morning"*

Of course, you must make sure your commitments are met and not forgotten. Sometimes you will have no alternative but to say "no". At least, things will be clear and you will not be blamed for not keeping your promises.

● Soyez reconnu comme un véritable professionnel

Qu'est-ce qu'un professionnel : celui qui respecte son métier et qui donne toute son énergie pour atteindre les objectifs de sa fonction tout en satisfaisant ses clients et en menant ses actions efficacement en respectant les règles du savoir-vivre professionnel :

- être à l'heure ;
- respecter ses engagements ;
- être bien informé et informer les personnes avec lesquelles on travaille ;
- traiter les affaires avec réactivité.

Le choix des mots : pour éviter les malentendus

● Les mots et tournures de phrases à éviter

Tous les mots et tournures de phrases susceptibles de créer l'incertitude ou l'hésitation sont à proscrire.

Évitez de dire	Dites plutôt
J'écoute !	Guillemette Durand, bonjour !
C'est de la part ?	Qui dois-je annoncer ?
C'est pour quoi ?	C'est à quel sujet ?
Ne quittez pas !	Merci de rester en ligne !
Comment ça s'écrit ?	Comment l'épelez-vous, s'il vous plaît ?
Dites-moi de quoi il s'agit	En quoi puis-je vous aider ?
Il est absent	Il est en réunion
Il n'est pas encore arrivé	Il est en réunion
Il n'est pas revenu de déjeuner	Il est en déplacement
Je ne sais pas où il est	Il est en déplacement

Make the most of your communication assets

● Be recognised as a true professional

The professional is the person who has respect for his duties and devotes all his energy to reach his professional goals, while meeting his customers' requirements, leading his actions efficiently in compliance with professional "savoir-vivre":

- to arrive on time;
- to meet one's commitments;
- to keep informed and to pass on information to one's colleagues;
- to deal with business matters rapidly.

Choosing the right words: to avoid misunderstandings and remain positive

● Words and expressions to be avoided

Make sure not to use words and expressions likely to create uncertainty or hesitation.

Key expressions to use

Guillemette Durand, good morning!
Who's calling?
Could you tell me what it's about?
One moment, please!
How do you spell it, please?
What can I do for you?
He's having a meeting
He's held up at a meeting
He's away on business
He's on a business trip

Évitez de dire		Dites plutôt
Il est en congé	⇨	Il est en déplacement
Ce n'est pas moi qui…	⇨	C'est M. Jones qui s'en occupe, je vous le passe
Je ne sais pas qui s'en occupe	⇨	Je vais vous passer le service compétent
Rappelez plus tard	⇨	Je vous rappelle avant ce soir
Vous avez mal compris	⇨	Je me suis sans doute mal exprimé
Excusez-moi	⇨	Je vous remercie de nous garder votre confiance
Ne vous inquiétez pas	⇨	Comptez sur moi

● Connaître les façons de faire à l'étranger pour mieux communiquer

Les modes de communication orale sont différents d'un pays à un autre. Parler de la pluie et du beau temps ou demander des nouvelles est plutôt français. Chez les Anglo-Saxons, il est courant de s'appeler par les prénoms, mais on ne s'éloigne pas des sujets d'appels, à moins que votre interlocuteur, sachant que vous êtes Français, essaie de se mettre au diapason.

Pour bien communiquer avec tout interlocuteur étranger, informez-vous sur les approches culturelles. Ainsi, vous ne serez pas surpris vous-même par ce qui vous semble des écarts de comportement et qui sont des façons de se comporter différentes, du fait des cultures différentes et de leur manière de communiquer.

Make the most of your communication assets

> **Key expressions to use**
>
> He's travelling on business
> Mr. Jones is in charge of that, I put you through to him
> I'll hand you over to the department in charge
> I'll call you back in the afternoon
> Maybe I was misleading
> Thank you very much for your confidence
> I'll see to it

 EXPRESSION ET MOT CLÉ :
phrasal verb "to see to" = veiller à.

Be aware of the foreign customs to improve your communication skills

Oral communication differs from one country to another. Speaking about the weather or getting news is rather French. With Anglo-Saxons, you are commonly called by your first name, but you rather stick to the subjects of the call, unless your party, knowing that you are French, tries to fall in with the mood.

Get information about cultural behaviours, in order to communicate better with foreign parties. Thus, you will not be surprised by different behaviours, reflecting different cultures and ways of communicating.

Cultural habits and upbringing greatly influence the ways of dealing with a call, more or less quickly, more or less personally, with friendliness, brevity, punctuality.

© Éditions d'Organisation

La convivialité, la brièveté, la ponctualité, les façons de traiter un appel, plus ou moins rapidement, avec plus ou moins de propos personnels, viennent des habitudes culturelles et de l'éducation.

L'international oblige à la reconnaissance des cultures et à leur respect sans pour autant oublier la sienne. Existe-t-il un savoir-vivre international ? La politesse, le respect des autres, la connaissance de l'univers international font partie de la culture de l'honnête homme du XXIe siècle.

La bonne façon de conclure

Prévoyez la chute de l'appel

Gérer, c'est prévoir, dit-on. L'appel téléphonique doit être clos de manière satisfaisante pour les deux interlocuteurs : dès le début de l'entretien, il s'agit d'aller très vite dans sa tête afin de prévoir l'issue de l'entretien téléphonique.

> *« Nous vous recontactons avant la fin de la journée »*
> *« Dès que Monsieur Pierre Dumont revient de son rendez-vous, il vous rappelle »*
> *« Récapitulons les points de notre conversation et nos engagements respectifs »*

Autant de phrases qui rassurent sur les suites à tenir. Le correspondant est ainsi satisfait et peut voir où il va avec vous.

Restez maître de la relation

Garder la maîtrise de la communication est un exercice difficile surtout si le partenaire est plein d'énergie, a une discussion rapide sans vraiment vous écouter. Plus l'interlocuteur parle vite, plus il est nécessaire de ralentir le débit afin de le mettre au diapason et de l'obliger à ralentir et à écouter.

Working in a worldwide environment compels us to allow for and respect foreign cultures, without forgetting one's own.

Is there an international "savoir-vivre"? Being courteous, respecting others, being aware of the international universe belong to the culture of the 21st century "honest man".

The right way to reach a conclusion

● Foresee the end of the call

"To manage is to foresee", as the saying goes. A phone call must be completed on a satisfactory basis for both parties: from the very start of the interview, your mind must be working quickly in order to foresee the outcome of the conversation.

> *"We'll get in touch with you again before the end of the day"*
> *"Mr Pierre Dumont will call you back as soon as he comes back"*
> *"Can we just go over the points of our conversation and our respective commitments"*

All these expressions aim at reassuring. So, your party will be satisfied and know where you are leading him.

● Keep control of the relationship

Keeping control of the communication is difficult especially when your partner is energetic, speaks fast without really listening. The quicker your party speaks, the slower you should answer, to make him adapt his flow and listen more carefully.

Sentir la manière dont le correspondant construit son argumentaire et surtout quel est son style et comment réagit-il : est-il rapide, lent dans son élocution, sûr de tout savoir, imbu de lui-même ?... À chaque type de tempérament, une façon de répondre et de prendre un rythme de parole afin de maîtriser la discussion. Une technique de communication prescrit, pour être en phase avec la personne avec laquelle on est en entretien, de prendre le même rythme de respiration que le sien et le même débit oratoire.

Les astuces

1. Soyez structuré pour être efficace
2. Construisez votre appel, même sous la pression
3. Gardez près de vous un guide de l'entretien téléphonique afin d'éviter les erreurs
4. Prenez toujours des notes correspondant à l'entretien
5. Détaillez et critiquez vos arguments en écoutant votre enregistrement

Gardez le contrôle du dialogue
Suivez le fil du discours de votre interlocuteur

- **Restez à l'écoute : montrez que vous êtes présent et réagissez**

Les petits mots qui ponctuent la conversation et qui montrent que vous êtes toujours à l'écoute sont importants. Ils disent à votre interlocuteur que vous êtes bien à l'écoute :

« Oui, bien sûr »

Try to understand the way your party is building up his arguments, especially his style and reaction: is he fast-thinking, slow in his elocution, sure of his knowledge, full of his own importance... Each type of personality will require a specific way of answering and speech flow in order to control the discussion. One of the recommended techniques will be to take up the same pace and breathing as your party to be in line with him.

Tricks and tips

1. Be structured to be effective
2. Build up your call, even under pressure
3. Have a telephone conversation guideline at hand in order to avoid mistakes
4. Do not forget to take notes of what is said
5. Itemise and criticise your arguments by listening to your recorded conversation

Keep control of the dialogue
Follow the thread of your party's speech
• **Listen carefully, show that you are there and react**

Small words and expressions are important, as they show that you are actually listening.

They give evidence of your involvement:
"Yes, of course"

> *« Vous venez de dire que..., toutefois je tiens à souligner que... »*
> *« Je suis d'accord avec vous »*
> *« Je réagis à ce que vous dites : ne pensez-vous pas que... »*

● Utilisez des formules pour récupérer le fil

Lorsque la conversation s'égare, vous devez la ramener vers vos objectifs, soit parce que votre correspondant s'est engagé sur un terrain de digression, soit parce que les propos sont agressifs sans aboutir à une conclusion positive.

> *« Si vous le permettez, pour en revenir au début de notre discussion... »*
> *« Puis-je énumérer les points importants à traiter et sur lesquels une décision doit être prise ? »*
> *« On s'éloigne de notre sujet de discussion. Si je comprends bien... »*

● Reformulez et concluez sur la marche à suivre

Il ne faut pas laisser un entretien se terminer sans en reprendre les points essentiels. Cela permet de structurer la suite des actions à mener pour l'interlocuteur. On peut aussi noter ces conclusions sur la main courante pour ne rien oublier.

> *« Pouvons-nous reprendre les points essentiels de notre discussion et décider de la marche à suivre ? »*

Répondez aux objections positivement sans renvoyer la responsabilité à d'autres

● Cultivez le courage même dans les moments d'agression

Garder courage lorsque l'on se fait agresser n'est pas facile, surtout en restant calme et courtois.

Make the most of your communication assets

"You have just said that..., however I'd like to stress that..."
"I do agree with you"
"Let me react to what you've just said: don't you think that..."

● Use formulas to pick up the thread of the conversation

When the conversation strays, either because your party has started digression, or because the remarks are becoming aggressive and do not allow to reach a positive conclusion, you must bring it back towards your objectives.

"If you don't mind, could we go back to the first point of our discussion..."
"Can I just go through the points we have to deal with in order to take a decision..."
"I'm afraid we are wandering from the subject, now if I understand..."

● Reword and conclude on the action to be taken

An interview is completed when all the different points have been summed up. This permits agreement on the action to be carried out on behalf of your party. The main conclusions can also be mentioned on your day book, not to forget anything.

*"Could we **go through** the main points and decide what is to be done?"*

EXPRESSION ET MOT CLÉ :
phrasal verb "to go through" = étudier, examiner.

Respond positively to any objections, without putting the blame on others

● Be bold even in difficult situations

It is obviously difficult to remain cool, polite and bold when being attacked.

Toutefois, c'est le prix de la réussite de l'entretien : parvenir à calmer son correspondant en cas de gros problème (livraison en retard, litige, problème de paiement...).

Pour ne pas se laisser embarquer par la colère ou le mécontentement, vous devez reprendre chaque point litigieux en proposant des solutions. Si rien ne peut être fait, prenez alors sur vous pour reconnaître les erreurs et proposer un rattrapage à négocier avec les responsables du service concerné par le litige.

● Soyez maître de la suite des événements

Si vous vous engagez à mener une action, n'oubliez pas de le faire, sinon vous vous discréditerez et vous discréditerez votre société. Pour être maître de la situation, prenez vos dispositions pour mobiliser les services concernés et veiller que les engagements pris soient tenus. La diplomatie est alors la clé pour bien faire passer le message.

Connaissez les types d'interlocuteurs et préparez vos façons de réagir

● Pour éviter de perdre du temps avec les bavards : le sablier

Le sablier, ou les minutes comptabilisées sur votre téléphone, peuvent servir de point de repère pour garder le contrôle des entretiens qui sont trop longs. Les bavards dépensent votre énergie. Pour couper court sans choquer ou sans se faire un ennemi, le mieux est de l'amener gentiment mais fermement vers la conclusion de l'entretien (voir « Concluez efficacement et mesurez vos résultats », page 190).

However, this is the price to pay for the success of your phone conversations: to manage to cool down your party in case of serious problems (late delivery, litigation, payment problems...).

To avoid being drawn into anger and dissatisfaction, focus on each disputed topic and suggest solutions. If nothing can be done, then contain yourself and recognise your mistakes, suggest compensation to be negotiated with the heads of the departments involved.

Keep control of what is coming next

If you undertake to take an action, make sure it is done. If not you will become discredited as well as your company. To keep control of the situation, make the necessary arrangements to mobilise the departments involved and check what has actually been achieved. Diplomacy is the key to make messages get through.

Get to know your party and adapt your reaction

To avoid wasting time with chatterboxes: the hourglass

The hourglass, or the minutes displayed on your telephone screen, can be used as a marker to control long-lasting talks. Chatterboxes spend your energy. To put a speedy end to it without shocking or turning your party against you, lead him kindly but firmly to a conclusion (see "Completing a conversation efficiently and checking results", page 191).

● Pour amadouer les nerveux et agressifs : la gentillesse efficace

Le tempérament agressif crée le stress et n'apporte rien à la bonne réalisation des affaires. Pour éviter les situations désagréables au téléphone, il faut rester gentil et ferme sur les décisions prises. La difficulté réside dans l'alliance de ces deux tons.

> *« Je comprends vos arguments, mais nous ne pouvons faire ce que vous demandez compte tenu que, dans le contrat de maintenance, il n'est pas fait mention de ce type d'intervention. Nous le regrettons mais ne pouvons aller au-delà. »*

Pour garder le contrôle du dialogue : les sept règles d'or

1. Maîtrisez l'écoute pour bien suivre le raisonnement du correspondant
2. Ponctuez ces phrases de petits mots « oui, bien sûr,… » pour montrer que vous écoutez bien
3. Posez des questions pour montrer l'intérêt que vous portez au traitement de l'appel
4. Répondez clairement aux éventuelles questions de votre interlocuteur
5. Ne soyez ni trop bref ni trop long dans vos réponses aux objections
6. Reformulez les points clés de la conversation en donnant des dates ou des délais pour la réalisation de ce à quoi vous vous engagez
7. Et… respectez vos engagements

• To persuade the highly-strung and aggressive persons: use effective kindness

Aggressive behaviour is stressing and detrimental to the actual achievement of your business. To avoid unpleasant situations on the telephone, you have to remain calm and firm on the decisions taken. The main point is to know how to reconcile these two tones.

> *"I understand your arguments, but we are not in a position to meet your requirements, as the maintenance contract does not mention this kind of work. We regret it very much but we cannot go beyond the agreement."*

Seven golden rules to keep control of the dialogue

1. Pay attention to your party's line of argument
2. Punctuate his sentences with small words like: "yes, of course,..." to show that you are listening
3. Ask questions to show your interest for the call
4. Answer clearly to the possible questions of your party
5. Be neither too short nor too long in your answers to the objections
6. Reword key information by giving dates or time-limits on what has actually been agreed upon
7. And... meet your commitments!

OPTIMISEZ VOS RÉSULTATS

Préparez vos entretiens téléphoniques
Actualisez votre connaissance du dossier
- Maîtrisez l'antériorité et l'historique du contact
- Mesurez votre marge de progression
- Définissez les actions à entreprendre

Ayez toujours une bonne raison d'appeler
Fixez-vous des objectifs avec un ordre de priorité
- Prendre rendez-vous
- Obtenir un accord
- Négocier un compromis / une solution
- Collecter des informations et se faire recommander

Anticipez les difficultés
- Montrez que vous maîtrisez votre sujet
- Essayez de comprendre les contraintes de l'autre
- Exposez-lui les vôtres
- Listez les cas de figure possibles et leurs solutions au cas par cas
- Impliquez votre correspondant dans le processus d'accord

Préparez un guide de déroulement
Prévoyez les différentes alternatives de conclusion
- Vous prenez un engagement
- Vous demandez une confirmation
- Vous prévoyez une reprise de contact

Apprenez à répondre aux objections
Quelques conseils
Méthode de traitement des objections
- Écoutez l'objection
- Montrez que vous la comprenez
- Demandez des précisions sur le bien-fondé de l'objection

OPTIMISE YOUR RESULTS

Prepare your telephone conversations
Update your knowledge of the file
- Check the history and background of the contact
- Assess your room for growth
- Define the actions to be undertaken

Always have a good reason to call
Set yourself targets in order of priority
- To make an appointment
- To obtain an agreement
- To negotiate a compromise / a solution
- To collect information and to use someone's name as a reference

Foresee problems
- Show that you master your subject
- Try to understand the other party's constraints
- Now, let him know your own constraints
- List possible cases and specific solutions
- Involve your party in the agreement process

Prepare a guideline for your conversation
Contemplate various alternative conclusions
- You enter into an undertaking
- You request a confirmation
- You are planning to get in touch again

Learn how to reply to objections
Some advice
How to deal with objections
- Listen carefully to the objection
- Show that you understand the objection
- Ask for details about the validity of the objection

- Reformulez la partie que vous pouvez traiter immédiatement et proposez un premier argument
- Isolez l'objection restante par des questions fermées
- Proposez une solution alternative en demandant à votre interlocuteur de s'engager
- Concluez en précisant les termes de la négociation

Comment dire non ?

Voici quelques conseils pour gérer au mieux ce moment crucial

- Expliquez ce que vous pouvez proposer en minimisant ce que vous ne pouvez pas offrir
- Restez très factuel et ne mettez pas en cause des personnes
- Expliquez précisément les raisons qui vous empêchent de lui donner immédiatement satisfaction et proposez une solution alternative
- Trouvez un compromis qui puisse satisfaire les deux parties, en montrant les efforts que vous consentez
- Dites-lui combien vous appréciez d'avoir pu traiter franchement de cette question avec lui
- Faites un geste pour montrer votre considération

Comment gérer un litige ? Pourquoi ?

- Lorsqu'un litige n'est pas correctement résolu, il peut en entraîner d'autres
- Ce qui vous semble insignifiant peut avoir de l'importance pour votre interlocuteur
- On a toujours tendance à généraliser un grief isolé à toute l'entreprise
- Une personne mécontente a toujours tendance à « grossir le trait »

Les principales étapes à suivre pour traiter de manière efficace un litige ou une réclamation

- Laissez parler votre correspondant et n'essayez pas de l'interrompre trop tôt
- Restez calme et assumez son agressivité éventuelle

- Reword the part you can deal with immediately and suggest a first argument
- Separate the remaining objection by closed questions
- Propose an alternative solution while requesting your party to make a firm commitment
- Conclude by stressing the terms of the negotiation

How to say "no"?

Here is some advice to cope with this key moment as well as possible

- Explain what you can suggest while downplaying what you cannot offer
- Stick to the facts and do not put the blame on others
- Explain precisely the reasons which prevent you from meeting his demand immediately and suggest an alternative solution
- Find a compromise which can be satisfactory for both parties, by showing the efforts you are making
- Tell him how much you appreciate dealing with this matter frankly
- Make a gesture to show your regard

How to deal with a dispute? Why?

- When a litigation is not correctly solved, it can entail others
- A thing you consider unimportant can be of primary importance for your party
- A single ground for complaint can be generalised to all the company
- A dissatisfied person will always tend to emphasise a problem

The main stages to follow in dealing with a complaint efficiently

- Let your party speak and do not try to stop him too early
- Remain calm and accept his possible aggressiveness

- Essayez de comprendre le problème et acceptez sa version des événements
- Recueillez le maximum d'informations et prenez des notes
- Essayez d'éclaircir les faits et de déterminer les causes en posant des questions
- Restez neutre et très professionnel
- Reformulez les raisons du mécontentement pour reprendre la maîtrise du dialogue
- Considérez le climat, les relations en cours, le caractère de la personne afin de choisir une solution
- Vendez votre solution en ne promettant que ce que vous êtes capable de tenir et sans outrepasser vos compétences ou capacités de décision
- Demandez-lui son avis et son accord
- Faites appliquer la solution adoptée le plus rapidement possible
- Contrôlez-en l'application effective, rassurez votre interlocuteur sur l'avenir et remerciez-le de sa confiance

Concluez efficacement et mesurez vos résultats

Ce qu'il faut éviter
- Accélérer le débit en fin de conversation
- Donner l'impression que l'on est dérangé

Comment signifier la fin de la conversation ?
- Récapitulez
- Parlez au passé puis au futur
- Remerciez et utilisez une formule de politesse

Pour clôturer le dialogue
- Raccrochez après votre interlocuteur

Mesurez vos résultats
- Analysez *a posteriori* les difficultés rencontrées et mettez en place des outils de correction

- Try to understand the problem and accept his version of what happened
- Collect as much information as you can and take notes
- Try to clear up the facts and to determine the causes by asking questions
- Reword the reasons of his dissatisfaction to resume control of the conversation
- Remain neutral and very professional
- Consider the atmosphere, the relations in progress, the personality of the caller in order to seek a solution
- Sell your solution by promising only what you are able to deliver and without exceeding your skills or capacities of decision
- Seek his opinion and his agreement
- Have the adopted solution implemented as soon as possible
- Check what has been done, reassure your party on your future services and thank him for this confidence

Conclude efficiently and assess your performance

What should be avoided?
- To hasten the end of the conversation
- To sound impatient

How to signal the end of the conversation?
- Recapitulate
- Use the past tense then the future tense
- Thank him and use a closure sentence

To complete the conversation
- Hang up after your party

Measure your results
- Analyse the difficulties encountered and implement corrective actions

OPTIMISEZ VOS RÉSULTATS

Les enjeux d'image, de communication et d'efficacité de l'outil téléphonique restent, nous l'avons vu, très importants pour la communication à l'intérieur comme à l'extérieur de l'entreprise.

Mais il s'est avéré au fil du temps, grâce en partie à l'évolution technologique, que l'utilisation du téléphone pouvait aisément dépasser le cadre du simple outil de communication pour devenir un moyen de générer une valeur ajoutée significative pour l'entreprise.

Cependant l'outil ne peut rien si l'utilisateur ne tente pas de se l'approprier et d'en optimiser les résultats.

Préparez vos entretiens téléphoniques

Dans cette perspective, l'une des premières étapes consiste à bien préparer ses entretiens téléphoniques, tout comme vous le feriez pour un « face à face ».

Actualisez votre connaissance du dossier

Il est toujours utile, dans le cas du dossier client, de se pencher sur l'état du compte, en particulier lorsqu'il n'a pas été activé récemment.

OPTIMISE YOUR RESULTS

As we have seen previously, the stakes of image, communication and effectiveness of the telephone tool remain very important for communication purposes both inside and outside the company.

But it proved with the wire of time, thanks partly to technological developments, that the use of the telephone could easily exceed the framework of the simple communication tool to become a means of generating a significant added value for the company.

However the tool cannot do anything if the user does not try to adapt it and optimise his results.

Prepare your telephone conversations

One of the first stages consists in preparing your telephone conversations, just like you would for a face to face situation.

Update your knowledge of the file

It is always useful, in the case of a customer's file, to study the state of the **account**, particularly when it has not been followed up recently.

ALERTE PIÈGE (Faux ami) :
"account" = compte (ex. a bank account)
"advance payment" = acompte.

- **Maîtrisez l'antériorité et l'historique du contact (même si d'autres personnes l'ont traité)**

Il est par exemple intéressant d'étudier les fluctuations d'activité du compte (croissance, baisse, stagnation, activité saisonnière, etc.), d'analyser les produits ou prestations achetés, la part de marché réalisée chez le client, d'obtenir des informations récentes et de les vérifier, de connaître les incidents antérieurs et leurs solutions ainsi que le degré de priorité du compte dans le cadre de la politique commerciale.

- **Mesurez votre marge de progression**

Vous pouvez vous poser un certain nombre de questions, comme :

> « Ai-je une bonne connaissance de l'ensemble des interlocuteurs et des services susceptibles d'être intéressés par nos produits (à l'intérieur de l'entreprise et au niveau du groupe) ? »
> « Nos produits sont-ils connus dans l'entreprise et bénéficient-ils d'une bonne image de marque ? »
> « Assurons-nous une information suffisante sur l'évolution de nos procédés ou de nos produits ? »

- **Définissez les actions à entreprendre**

À la lumière de cette analyse, vous serez en mesure d'élaborer des actions précises par rapport à vos objectifs de progression (relance téléphonique, rendez-vous, envoi de documentation, invitation à un événement marketing, etc), et à les articuler dans le temps (court terme, moyen terme, long terme).

Optimise your results

- **Check the history and background of the contact (even if it has been dealt with by someone else)**

For example, it is interesting to study the activity fluctuations of the account (growth, drops, stagnation, seasonal activity etc), to analyse the products or services bought, the market share achieved with the customer, to obtain recent information and to check it, to know of the former incidents and their solutions as well as the importance of the account within the framework of the marketing policy.

- **Assess your room for growth**

You can ask yourself a certain number of questions, like:

> *"Did I study thoroughly all the contacts likely to be interested by our products (inside the company and at a **corporate** level)?"*

EXPRESSION ET MOT CLÉ :
"corporate" = se dit de ce qui concerne l'entreprise
Ex : "corporate culture" = culture d'entreprise
"corporate literature = documentation de l'entreprise.

> *"Are our products well-known in the company and do they carry a good company brand-image?"*
> *"Do we supply sufficient information to our customers on the evolution of our processes or our products?"*

- **Define the actions to be undertaken**

In light of this analysis, you will be able to work out precise actions according to your objectives of progression (telephone follow up, appointment, sending of some literature, invitation to a marketing event, etc), and **to schedule** them in time (short term, medium term, long term).

EXPRESSION ET MOT CLÉ :
"to schedule" = *planifier, programmer.*

Ayez toujours une bonne raison d'appeler

Vous serez mieux accueilli au téléphone si vous énoncez d'emblée l'objet de votre appel, ce qui renseignera votre interlocuteur sur vos intentions.
De plus, vous donnerez de vous une image professionnelle.

> **Exemples de prétextes pour appeler ou relancer un contact**
>
> « Je vous rappelle comme convenu après notre premier contact lors du salon… »
> « Je voulais vous présenter notre nouvelle documentation / gamme… »
> « Je voulais m'assurer que vous aviez bien reçu notre facture pro forma »
> « Je voulais savoir si vous aviez des questions concernant les termes de notre proposition »
> « Je souhaitais vous apporter des précisions techniques concernant notre nouveau matériel »
> « Je désire savoir si vous avez pris une décision concernant notre offre commerciale »
> « Je voulais vous tenir au courant du traitement de votre commande »
> « Je vous appelle pour vous confirmer l'expédition de vos produits »
> « Je voulais m'assurer de votre satisfaction »
> « Je souhaite connaître vos besoins à venir »
> Etc.

Fixez-vous des objectifs avec un ordre de priorité

La poursuite d'un objectif servira de moteur à votre capacité d'argumentation et donc à l'obtention d'un résultat. N'oubliez pas que votre interlocuteur ressentira votre détermination et votre volonté, qui seront pour lui l'expression de votre intérêt pour son entreprise.

Always have a good reason to call

You will be better greeted on the telephone if you specify at once the subject of your call, which will inform your party about your intentions. Moreover, you will be regarded as a professional.

> *Examples of pretexts to get in touch with or follow up a contact*
>
> *"As agreed, I'm calling you back after our first meeting during the exhibition"*
> *"I would like to introduce our new literature / range..."*
> *"I wanted to make sure that you had duly received our pro forma invoice"*
> *"I wanted to know whether you had any questions about the terms of our proposal"*
> *"I would like to add technical details concerning our new equipment"*
> *"I wish to know whether you have reached a decision concerning our commercial offer"*
> *"I wanted to let you know about your order-processing"*
> *"I'm calling you to confirm the shipment of your products"*
> *"I wanted to make sure that we met your satisfaction"*
> *"I would like to know your requirements for the future"*
> *Etc*

Set yourself targets in order of priority

Aiming at an objective will boost your capacity to convince, thus providing results. Do not forget that your party will feel your determination and your will, which will prove your interest in his company.

D'autre part, la poursuite d'un objectif vous permettra de vous concentrer sur une finalité et d'apporter plus de cohérence à votre démarche.

Enfin, au-delà de l'objectif principal, vous aurez imaginé d'autres éventualités, à savoir des objectifs secondaires en cas de réponse négative, de façon à rentabiliser votre appel téléphonique dans tous les cas.

Voici quelques exemples d'objectifs :

- **Prendre rendez-vous**

(Voir « Prenez efficacement vos rendez-vous », page 60).

- **Obtenir un accord**

Votre stratégie dans ce cas sera d'apporter des arguments pertinents et concrets susceptibles de peser dans la décision, de mettre en évidence les risques éventuels d'un refus et de rassurer sur l'engagement que vous prenez si la décision est positive.

> *« Malgré son coût légèrement plus élevé, ce nouveau matériel peut s'amortir en moins d'un an »*
>
> *« Tout ajournement de la prise de décision peut nous entraîner dans des pénalités de retard »*

Optimise your results

In addition, pursuing an objective will enable you to concentrate on a precise goal and to have a more **consistent** approach.

ALERTE PIÈGE (Faux amis) :
"consistent" = cohérent / logique
"solid / substantial" = consistant.

Lastly, beyond the main objective, you will have imagined other possibilities, namely secondary objectives in the event of a negative answer, in order to make your phone call **profitable** in all cases.

ALERTE PIÈGE :
sens financier de "profitable" = rentable (syn:cost-effective).

Here are some examples of objectives:

- **To make an appointment**

(see "Make an appointement efficiently", page 61).

- **To obtain an agreement**

In that case, your strategy will be to bring relevant and concrete arguments likely to weigh in the decision, to highlight the possible risks of a refusal and to reassure on the commitment you undertake to meet if the decision is positive.

*"Despite a slightly higher cost, this new equipment can **pay for itself** in less than one year"*

EXPRESSION ET MOT CLÉ :
"to pay for itself" = s'amortir (rentabiliser)
"to depreciate / to amortize" = termes comptables.

"Any adjournment of the decision can involve us in a late delivery penalty"

> « En cas d'accord de votre part, nous pourrions lancer immédiatement la phase de production »

• Négocier un compromis / une solution

Il est toujours désagréable d'appeler pour annoncer une mauvaise nouvelle ! Si c'est le cas, vous aurez eu soin de préparer des alternatives afin de démontrer votre volonté d'apporter une solution satisfaisante dans les meilleures conditions.

> « Ce délai supplémentaire vous permettra de liquider votre ancien stock »
>
> « En revanche nous pouvons vous proposer un produit équivalent qui vous conviendra peut-être mieux ! C'est l'occasion de l'essayer ! »
>
> « En revanche, nous pouvons nous engager à vous faire parvenir en urgence la moitié de la commande. Le solde vous sera envoyé par avion sans frais supplémentaire »

• Collecter des informations et se faire recommander

Il est en général assez facile d'obtenir, par l'intermédiaire d'un contact professionnel bien établi dans l'entreprise, certaines informations (nom des responsables, coordonnées des sites, besoins en produits) et de pouvoir se faire recommander auprès de ces personnes.

> « Y aurait-il d'autres services au sein de votre entreprise qui pourraient utiliser nos produits ? »
>
> « Vous avez implanté également je crois une filiale en Italie ? Disposent-ils également d'un service achats ? »
>
> « Est-ce que vous centralisez également les achats de votre succursale en Bretagne ? »
>
> « Quel est le nom du responsable ? »
>
> « Puis-je le contacter de votre part ? »

"In the event of an agreement from you, we could launch production immediately"

● To negotiate a compromise / a solution

It is very unpleasant to call to announce bad news! If this is the case, you must prepare alternatives in order to show that you are making every effort to achieve a satisfactory solution under the most favourable conditions.

"This extra time will allow you to clear your previous stock"
"Besides, we can suggest a similar product which might suit you better! This is the opportunity to test it!"
*"On the other hand, we can undertake **to arrange for** a rush delivery for half of the order. You will receive the balance by airfreight at our expense"*

> **EXPRESSION ET MOT CLÉ :**
> *"to arrange for"* = se charger de
> *"to arrange"* = organiser.

● To collect information and to use someone's name as a reference

It is generally rather easy to obtain, through a well-established professional contact in the company, some information (name of the persons in charge, address of the sites, product requirements) and to be recommended to the care of these people.

"Are there any other departments in your company which might be in need of our products?"
"I think you have set up a subsidiary in Italy? Do they also have a purchasing department?"
"Are you also in charge of purchasing for your branch in Brittany?"
"What is the name of the person in charge?"
"Can I contact him from you?"

Anticipez les difficultés

Le contact téléphonique peut également vous permettre de rassurer votre interlocuteur sur votre capacité à résoudre d'éventuelles difficultés dans le traitement d'une opération.

Vous devez donc toujours, avant d'appeler « prévoir le pire », et essayer de préparer la négociation d'un compromis en amont, plutôt que de devoir ensuite résoudre un problème dans l'urgence.

Montrez que vous maîtrisez votre sujet

Votre interlocuteur s'attend à ce que vous puissiez lui donner des informations précises sur son besoin et vous devrez lui démontrer la fiabilité de vos réponses.

> *« Nous avons installé ce matériel dans un environnement similaire le mois dernier et le réglage a été très rapide »*
> *« La nouvelle fiche technique précise bien les nouvelles spécifications du produit, à savoir… »*

Essayez de comprendre les contraintes de l'autre

Là encore, le questionnement reste la meilleure stratégie.

Vous posez des questions précises afin de bien mesurer la marge de manœuvre de votre interlocuteur et vous prenez des notes afin de vous appuyer sur ces informations pour lui faire ensuite une proposition.

> *« Seriez-vous en mesure de nous communiquer des prévisions de besoins à trois mois ? »*
> *« Disposez-vous d'un stock tampon en cas de force majeure ? »*
> *« Seriez-vous en mesure de prendre en charge les frais supplémentaires en cas de livraison par avion ? »*

Foresee problems

The telephone contact can also be a **means** of proving your capacity to solve possible difficulties while processing an operation.

ALERTE PIÈGE :
"means" = moyens, est toujours au pluriel.

Therefore, you must always "expect the worst" before calling, and try to prepare the negotiation of a compromise upstream, rather than to have to solve emergency problems.

Show that you master your subject

Your party expects to be supplied with precise information on his requirements and you will have to show him the reliability of your suggestions.

"We installed this equipment in a similar environment last month and the adjustment was very fast"
"The new specification sheet mentions precisely the new features of the product, namely..."

Try to understand the other party's constraints

There again, asking questions remains the best strategy.

You ask precise questions in order to appraise correctly the room for manoeuvre of your party and you take notes so as to use the collected information to make him a proposal afterwards.

"Could you let us have you purchase forecasts at three months?"
"Do you have a buffer stock available in case of emergency?"
"Would you be in a position to bear additional expenses in the event of delivery by airfreight?"

> « *Pourquoi les délais de réponse à vos appels d'offres sont-ils si courts ?* »

● Exposez-lui les vôtres

Votre interlocuteur comprendra qu'après avoir étudié ses contraintes, vous lui exposiez les vôtres (mais jamais l'inverse !).

Vous lui donnerez ainsi les justifications précises de vos propres contraintes et lui indiquerez jusqu'où vous pouvez aller.

Vous lui démontrerez également votre volonté de trouver une solution.

> « *Notre système de production est très souple et nous pouvons facilement changer les priorités. Cependant, un délai supplémentaire de trois jours est nécessaire pour modifier une commande* »
>
> « *Nous avons mis en place comme vous un système d'approvisionnement en "juste à temps", ce qui nous oblige à élaborer des prévisions de vente à très court terme* »

● Listez les cas de figure possibles et leurs solutions au cas par cas

Lorsque votre interlocuteur envisage des dysfonctionnements possibles, ne les niez pas (il ne vous croira pas !).

En revanche, montrez que des dispositions peuvent être prises au cas par cas afin de les résoudre rapidement.

> « *En effet, nous avons déjà rencontré ce cas de figure, et nous avons pu le résoudre très efficacement par…* »

Optimise your results

*"Why are the deadlines for reply to your invitations to **tender** so short?"*

EXPRESSION ET MOT CLÉ :
"to bid for a tender" = soumissionner à un appel d'offres.

● Now, let him know your own constraints

Your party will understand that, after having studied his constraints, you expose yours to him (but never do it the other way round!).

Thus, you will give him the precise explanations of your own constraints and will let him know your own limits.

You will also demonstrate your determination to find a solution.

*"Our production system is very flexible and we can easily change priorities. However, a **3-day** extra time period is necessary to alter an order"*

ALERTE PIÈGE :
"3-day" est un adjectif composé, pas de "s" à day.

"We have set up a "just in time" supply system, which compels us to work out our sales forecasts at very short term"

● List possible cases and specific solutions

When your party expects possible dysfunction, do not deny it (he will not believe you!).

On the other hand, show that some action can be taken individually in order to solve problems quickly.

*"Indeed, we have already faced this situation, and we could **manage to** solve it very efficiently by..."*

« Lorsque cela se produit, ce qui est très rare, nous faisons intervenir notre équipe technique sur place en moins de 24 heures »
« Notre agent sur place dispose d'un stock de pièces de rechange »

- **Impliquez votre correspondant dans le processus d'accord**

Lorsque vous essayez d'anticiper des difficultés, n'hésitez pas à impliquer l'autre partie dans l'engagement afin que les obligations soient acceptées et réciproques.

« Votre commande ne sera enregistrée qu'après réception de votre traite acceptée »
« L'expédition aura lieu dans un délai de dix jours après réception de votre acompte »
« Le remplacement des produits aura lieu dans un délai de cinq jours après retour de la cargaison incriminée »

Vous pouvez également prévoir dans certains cas des réserves, force majeure par exemple, afin de ne pas vous trouver à porter seul la responsabilité.

Enfin vous aurez eu soin de prévoir une traçabilité indiscutable des actions et des résultats, afin d'être toujours en mesure de répondre rapidement aux mises en cause possibles et d'apporter la preuve de votre sérieux.

Préparez un guide de déroulement

À la manière des techniques de marketing téléphonique, vous pouvez vous constituer un « guide d'entretien » qui vous permettra de fixer vos objectifs de façon claire et de prévoir les différentes alternatives possibles en fonction des réponses de votre interlocuteur. Grâce à cet outil, vous maîtriserez mieux le déroulement de l'entretien ainsi que l'issue que vous souhaitez lui donner.

Optimise your results

ALERTE PIÈGE :
"to manage to" = *réussir*
"to manage" = *gérer / diriger.*

"When this occurs, which is very rare, our technical team can intervene on site in less than 24 hours"
"Our local agent has a stock of spare parts"

● Involve your party in the agreement process

When you try to anticipate difficulties, do not hesitate to involve the other party, so that the commitments will be mutually accepted.

"Your order will be booked upon receipt of your draft"
"Shipment will take place within ten days of reception of your down-payment"
"The products will be replaced within five days of return of the cargo"

You can also foresee specific situations like an Act of God, for instance, so as to disclaim your liability.

Finally you will make sure that the actions and their results are indisputably recorded, so as to be always in a position to reply to any possible dispute and to give evidence of your reliability.

Prepare a guideline for your conversation

As for phone marketing, you can build up a "conversation guideline" which will enable you to lay down your objectives clearly and to consider the various possible alternatives according to the answers of your party.

Thanks to this tool, you will have better control over the conversation as well as over the result you wish to achieve.

L'entretien téléphonique en anglais

Exemple de guide de préparation d'un appel téléphonique :

1. À qui vais-je parler ?
Nom :
Fonction :
Société :
N° tél :

2. Nous connaît-il déjà ?
Ma société :
Moi (ou mon prédécesseur) :

Mon produit :

S'il n'est pas là, qui demander ?

3. Par quelle phrase vais-je débuter l'entretien ?

4. Quel est le but principal de mon appel ?

5. Quels sont les autres buts éventuels ?

6. Quelles objections peut-il faire ?

OBJECTIONS	RÉPONSES
•	•
•	•
•	•

7. Quelle alternative vais-je lui proposer ?

8. Quand appeler ?

9. Prochaine action :

Optimise your results

 Example of a phone call preparation guideline:

1. Who will I speak to?

Name:
Position:
Company:
Phone NB:

2. Does he know us already?

My company:
Me (or my predecessor):
My product:

If he is not there, who shall I ask for?

3. What will be my first sentence to start the conversation?

4. What is the major goal of my call?

5. What are the other possible goals?

6. What are the possible objections?

OBJECTIONS	RESPONSES
•	•
•	•
•	•

7. What are the possible alternatives offered?

8. When to call back?

9. Next action:

Prévoyez les différentes alternatives de conclusion

Enfin, lorsque vous préparez votre entretien téléphonique, prévoyez les différentes alternatives de conclusion possibles en fonction du déroulement effectif de l'entretien.

Quelles peuvent être ces différentes alternatives ?

• Vous prenez un engagement

Dans le cas d'un accord verbal, vous enverrez toujours une confirmation écrite, sachant qu'un engagement oral par téléphone doit toujours être respecté, il y va de votre crédibilité et du rapport de confiance que vous aurez su établir avec votre correspondant.

« Eh bien, je vous envoie une confirmation écrite très rapidement, mais vous pouvez d'ores et déjà... »

• Vous demandez une confirmation

Vous donnerez alors à votre interlocuteur le détail des informations dont vous avez besoin pour que cette confirmation soit utilisable.

« Je vous propose de récapituler les informations qui doivent impérativement figurer sur votre confirmation afin qu'elle puisse être prise en compte immédiatement »

Optimise your results

Contemplate various alternative conclusions

ALERTE PIÈGE (Faux ami) :
to contemplate = envisager (et aussi contempler).

Lastly, when you prepare your telephone conversation, try to foresee the various possible alternative conclusions according to the actual course of your phone talk.

What are the various alternatives available?

● You enter into an undertaking

EXPRESSION ET MOT CLÉ :
"to enter into" = s'engager dans / passer un accord – ex. to enter into a contract, a negotiation.

In the case of a verbal agreement, you will always send written confirmation, knowing that an oral commitment taken on the phone must always be met. Otherwise your reliability and the confidence you have established with your party will be **questioned**.

ALERTE PIÈGE (Faux ami) :
"to question" = mettre en doute, contester.

"Well, I'm sending you a written confirmation very soon, but you can already..."

● You request a confirmation

You will then specify to your party all the necessary information you require to accept his confirmation.

"I suggest that we sum up the information to be mentioned without fail on your confirmation so that it can be dealt with immediately"

Vous prévoyez une reprise de contact

Soyez précis dans les modalités de la reprise de contact :
- Qui rappelle qui ?
- Quand ?
- Comment (par quel moyen) ?
- Pourquoi (pour dire quoi) ?

« Je vous rappellerai le 25 juillet prochain entre 9 h et 11 h, afin de connaître votre décision »

Apprenez à répondre aux objections

Il est tout à fait courant d'avoir à répondre à des objections dans le cadre de conversations téléphoniques, comme dans beaucoup d'autres types de situations professionnelles.

Ce sont souvent les mêmes objections que l'on a à traiter en particulier dans la démarche commerciale (il peut d'ailleurs être intéressant d'en dresser une liste afin de les analyser).

Les objections servent avant tout à vous éprouver, et il est intéressant de distinguer les « vraies » des « fausses ».

Mais comment ne pas réagir de façon émotionnelle à une objection, lorsqu'elle vous est adressée personnellement ?

Quelques conseils :
- **Prévoyez-les !** En effet, une objection est souvent prévisible et, en l'absence d'effet de surprise, vous ne serez pas déstabilisé.

Optimise your results

● You are planning to get in touch again

Specify the way the contact is to be resumed:
- Who will call back?
- When?
- How (by phone, fax, mail, e-mail…)?
- Why (what about)?

"I will call you back on 25th July between 9 and 11 a.m., in order to find out your decision"

Learn how to reply to objections

It is commonplace to have to reply to objections within the framework of telephone conversations, as in many other types of professional situations.

The same objections have to be dealt with particularly during negotiations (besides it can be interesting to draw up a list of the objections for analysis).

Objections are basically used to test the other party's capacities, and it is interesting to distinguish between true and false ones.

But how can you avoid reacting emotionally to an objection, when it is addressed to you personally?

Some advice:

 ALERTE PIÈGE :
"advice" est un indénombrable toujours au singulier.

- **Foresee them!** Indeed, as an objection is often foreseeable, you will be expecting it, and therefore be prepared.

- **Ne vous sentez pas visé !** Une objection n'est pas une remise en cause de vos compétences personnelles !
- **Ne réagissez pas avec agressivité !** C'est le meilleur moyen pour quitter le terrain objectif et vous mettre à dos définitivement votre interlocuteur.
- **Ne vous justifiez pas !** Vous donneriez l'impression que vous êtes en faute !

En résumé, gardez la tête froide et argumentez avec calme.

Méthode de traitement des objections :

L'objectif de cette méthode est d'identifier précisément l'objection et son degré d'importance (sincère ? fondée ?), d'en comprendre le mobile exact (qui est parfois caché) et de proposer une réponse adaptée tout en convainquant votre interlocuteur de son utilité.

Écoutez l'objection

Il est important qu'une objection puisse s'exprimer sans entrave. En l'écoutant, vous vous concentrerez sur la compréhension et l'analyse de l'objection, vous la mémoriserez et vous montrerez à votre interlocuteur que vous le respectez.

Utilisez pour cela le silence « actif », qui montre que vous écoutez (oui, hum, ah, etc.).

Montrez que vous la comprenez

C'est une façon de valoriser votre interlocuteur et d'éviter la contradiction, prémices du conflit.

Mais ne dites pas : « *Vous avez raison* »
Dites plutôt : « *Je comprends tout à fait* » ou « *En effet, je vois* »

- **Do not feel attacked personally!** An objection is not questioning of your personal skills!
- **Do not react aggressively!** It is the best means of wrecking the relationship for long.
- **Do not justify yourself!** You would give the impression that you are the one to blame!

In brief, try to stay calm and stick to the facts.

How to deal with objections:

The objective of this method is to identify precisely the objection and its importance (sincere? founded?), to understand the exact motivation (which is sometimes hidden) and to propose an adapted answer while convincing your party of his effectiveness.

Listen carefully to the objection

Any objection must be expressed freely. While listening to it, you will focus on its comprehension and analysis, memorise it and therefore show respect to your party.

The "active" silence can be used to show that you are listening (yes, hum, ah, etc.).

Show that you understand the objection

This will allow you to show esteem for your party and to avoid contradiction, which is the first step towards a dispute.

But do not say: *"You are right"*
Rather say: *"I truly understand"* or *"Indeed, I see"*

● Demandez des précisions sur le bien-fondé de l'objection

Cette méthode vous permettra de vérifier le caractère « objectif » ou « subjectif » de l'objection, d'expliciter les motivations de votre interlocuteur et de préparer votre réponse.

« Qu'entendez-vous par », « il peut y avoir d'autres problèmes ? »
« Que voulez-vous dire ? »
« Pourriez-vous me préciser les difficultés que vous avez rencontrées ? »

● Reformulez la partie que vous pouvez traiter immédiatement et proposez un premier argument

Il n'est pas rare de pouvoir résoudre partiellement une difficulté. Dans ce cas, reformulez la partie de l'objection susceptible d'être résolue et proposez une première réponse.

« Si je comprends bien, vous craignez de nouveaux retards, c'est bien cela ? »
« Eh bien, dans des cas d'urgence, nous pouvons raccourcir le délai de livraison en utilisant exceptionnellement une partie du stock tampon »

● Isolez l'objection restante par des questions fermées

Malheureusement, vous n'êtes pas toujours en mesure de proposer des arguments capables de clore la discussion. Dans ce cas, après une première avancée dans la phase précédente, tirez partie de votre avantage pour guider votre interlocuteur, grâce à des questions fermées, vers une attitude positive.

« Donc, en résumé, vous êtes gêné par… ? »
« Cependant, en dehors de cette question, vous êtes satisfait de…, n'est-ce pas ? »
« C'est le seul point qui vous gêne, n'est-ce pas ? »
« Pour le reste, tout est clair, je crois »

Optimise your results

● Ask for details about the validity of the objection

This method will enable you to check the "objectivity" or "subjectivity" of the objection, to clarify the motivations of your party and to prepare your answer.

"What do you mean by", "Other problems might occur?"
"Could you specify the difficulties you had to cope with?"

● Reword the part you can deal with immediately and suggest a first argument

Sometimes you are in a position to solve a difficulty but only partly. In this case, reword the part of the objection likely to be solved and offer a first alternative.

"If I understand you well, you fear new delays, don't you?"
"Well, in case of emergency, we can exceptionally shorten the delivery time by using part of our buffer stock"

● Separate the remaining objection by closed questions

Unfortunately, you are not always in a position to propose arguments likely to complete the discussion. In this case, after a first concession in the preceding phase, take profit from your advantage to lead your party, thanks to closed questions, towards a positive attitude.

"Then, to sum up, you've been bothered by...?"
"However, apart from this question, you are satisfied with our delivery service, aren't you?"
"It is the only point that disturbs you, isn't it?"
"As for the rest, everything is clear, I believe"

> *« Mais à part cela, vous convenez avec moi que la qualité des produits reste excellente et que nous vous faisons bénéficier de toutes nos avancées technologiques, n'est-ce pas ? »*
> *« Vous reconnaissez que nous nous sommes adaptés aux exigences de votre nouvelle certification ? »*

- **Proposez une solution alternative en demandant à votre interlocuteur de s'engager**

Vous avez résolu une partie des objections, vous avez guidé votre interlocuteur vers des réponses positives, c'est le moment de lui proposer une solution « donnant/donnant » afin de l'engager dans sa mise en œuvre.

> *« Si nous pouvions vous garantir..., seriez-vous d'accord pour... ? »*

- **Concluez en précisant les termes de la négociation**

> *« Eh bien, je pense que dans ces conditions nous avons pu trouver un arrangement très positif qui vous garantit un meilleur service et qui nous permet de développer une collaboration fructueuse »*

Votre interlocuteur devra ressentir que vous apportez des éléments concrets afin de solutionner la question posée, que votre argumentation est cohérente, que vous êtes sûr de la réponse que vous proposez et que vous souhaitez conserver un contact sympathique.

Comment dire « non » ?

Il ne vous est malheureusement pas toujours possible de donner immédiatement satisfaction à votre interlocuteur, et vous allez devoir lui dire « non ».

"But apart from that, you are satisfied with the quality of the products and the benefit of all our technological progress, aren't you?"

"You do recognise that we have adapted to the requirements of your new certification, don't you?"

- **Propose an alternative solution while requesting your party to make a firm commitment**

Then, you have solved part of the objections, you have led your party towards positive answers, it is time to "meet half-way" in order to obtain a firm commitment from him.

"If we could guarantee... to you, would agree you to...?"

- **Conclude by stressing the terms of the negotiation**

"Well, I think that, under the circumstances, we could find a very positive settlement which will guarantee you a better service and allow us to carry on doing business to our mutual satisfaction"

Your party will have to feel that you are offering concrete elements in order to solve the problem, that your arguments are consistent, that your answers are reliable and that you wish to keep a friendly contact.

How to say "no"?

Unfortunately, it is not always possible to meet your party's demands, and you will have to say "no".

C'est un moment très délicat dans la mesure où la convivialité de votre relation risque de s'en ressentir, et le souvenir laissé par ce refus risque de pénaliser l'avenir de vos relations.

Comment pouvez-vous arriver à maintenir votre point de vue sans mettre en péril vos futures relations professionnelles ?

Voici quelques conseils pour gérer au mieux ce moment crucial :

- **Expliquez ce que vous pouvez proposer en minimisant ce que vous ne pouvez pas offrir**

Vous allez essayer de dire « non » sans être négatif !

Tout d'abord mettez en lumière tout ce que vous êtes en mesure de proposer, cela contribuera, dans l'esprit de votre correspondant, à amoindrir l'impact négatif de ce que vous ne pouvez pas offrir.

« En revanche, la référence 2201 est disponible en stock immédiatement »

« Toutefois nous pouvons vous proposer une livraison en express sur la quantité restante »

- **Restez très factuel et ne mettez pas en cause des personnes**

Vous serez d'autant plus convaincant que vos arguments seront concrets.

Même lorsque cela pourrait se justifier, ne mettez jamais en cause des personnes, en interne comme en externe, et conservez une certaine neutralité, très appréciée dans le monde professionnel.

« Nous avons malheureusement subi un retard d'approvisionnement »

« La référence 2201 a été confondue avec la 2102 »

It is a very delicate moment as the closeness of your relationship is likely to decrease, and the memory left by this refusal may penalise your future relationship.

How do you manage to stick to your point of view?

Here is some advice to cope with this key moment as well as possible

- **Explain what you can suggest while downplaying what you cannot offer**

You will try to say "no" without being negative!

First of all emphasise what you are able to propose, as this will contribute to reduce the negative impact of what you cannot offer, from the point of view of your party.

> *"On the other hand, reference 2201 is available from stock immediately"*
> *"On the other hand, we can suggest a rush delivery for the remaining quantity"*

- **Stick to the facts and do not put the blame on others**

You will be more convincing if your arguments are concrete. Even when it may be justified, never put the blame on others, especially your colleagues, and remain neutral as this is quite appreciated in the professional sphere.

> *"Unfortunately, our supplies were delayed"*
> *"Reference 2201 was confused with reference 2102"*

ALERTE PIÈGE :
Utilisez la voix passive en anglais pour rendre la formulation impersonnelle.

- **Expliquez précisément les raisons qui vous empêchent de lui donner immédiatement satisfaction et proposez une solution alternative**

Tout le monde subit des contraintes contre lesquelles il ne peut rien, votre interlocuteur comme vous.

Expliquez-les et montrez qu'elles sont justifiées, parfois dans l'intérêt même de votre interlocuteur.

En revanche, essayez de suggérer des solutions alternatives rapides et efficaces, gages de votre volonté de résoudre le problème.

> « Nous n'avons pas été en mesure d'augmenter le volume de nos stocks du fait d'un début de pénurie sur le marché mondial. Mais notre usine de Belgique va nous céder une partie du sien »
>
> « Ce composant n'est plus fabriqué par notre fournisseur habituel, nous faisons le maximum pour le trouver chez un autre fabricant. »
>
> « Nous aurions pu vous livrer ce produit, mais la série ne nous a pas semblé parfaitement finie »
>
> « Nous avons donc lancé une production prioritaire qui sera prête demain soir »
>
> « Votre cahier des charges d'emballage nous oblige à avoir recours à un emballeur extérieur, ce qui explique le délai de livraison à cinq jours »

- **Trouvez un compromis qui puisse satisfaire les deux parties, en montrant les efforts que vous consentez**

Lorsque vous proposez un compromis, mettez en évidence l'avancée consentie et le fait qu'il s'agit d'un arrangement exceptionnel.

Optimise your results

- **Explain precisely the reasons which prevent you from meeting his demand immediately and suggest an alternative solution**

Everyone has to face constraints against which nothing can be done, your party just like you.

Explain them and show that they are justified and even, sometimes, in the interest of your party.

On the other hand, try to suggest fast and effective alternative solutions, to prove your will to solve the problem.

"We were not in a position to increase the volume of our stocks because of a beginning of shortage on the world market. But our factory in Belgium will transfer part of its own to us"

*"This component has been **discontinued** by our usual supplier, but we are doing our best to order it from another manufacturer"*

EXPRESSION ET MOT CLÉ :
to discontinue « ne plus suivre un produit ».

"We could have delivered this product to you, but the series did not seem perfectly finished"

"So, we have launched a priority production which will be ready for shipment tomorrow evening"

*"Your packing schedule of conditions has compelled us to turn to an external packer, and this **accounts for** the 5-day delivery delay"*

ALERTE PIÈGE :
to account for: verbe à postposition = justifier / expliquer.

- **Find a compromise which can be satisfactory for both parties, by showing the efforts you are making**

When you propose a compromise, underline the concession you are granting and the fact that this is an exceptional settlement.

Votre interlocuteur s'en trouvera valorisé et appréciera votre réactivité.

> *« Nous sommes disposés, à titre exceptionnel à… »*
> *« Nous pourrions aller jusqu'à vous consentir… »*
> *« Compte-tenu de nos relations d'affaires, nous sommes prêts à… »*

- **Dites-lui combien vous appréciez d'avoir pu traiter franchement de cette question avec lui**

> *« Cela nous a permis d'approfondir cet aspect et de mieux comprendre vos attentes »*
> *« Ce sont des clients comme vous qui nous permettent d'améliorer la qualité de nos prestations »*

- **Faites un geste pour montrer votre considération**

La meilleure façon de faire oublier une réponse négative consiste à faire un geste pour montrer à son interlocuteur que, malgré le refus, il a de l'importance.

> *« C'est avec plaisir que nous vous accordons une remise sur votre prochaine commande »*
> *« Nous vous ferons parvenir une quantité supplémentaire gratuite »*
> *« Nous vous ferons parvenir le solde de votre commande en port payé »*
> *« Vous bénéficierez d'un paiement à soixante jours sur votre prochaine commande »*
> *« La période de garantie sera étendue gratuitement à deux ans, pièces et main-d'œuvre »*

Your party's image will thus be enhanced and he will appreciate your responsiveness.

"Under these exceptional circumstances, we are prepared to..."
"We could go as far as granting..."
"Owing to our business relationships, we are ready to..."

- **Tell him how much you appreciate dealing with this matter frankly**

"This has enabled us to study this matter and to understand better your requirements"
"Customers like you help us to improve the quality of our service"

- **Make a gesture to show your regard**

ALERTE PIÈGE (Faux ami) :
"regard" = considération / respect / estime.

The best way to make up for a negative answer is to make a gesture to show your party that, in spite of your refusal, his account matters.

"We'll be pleased to grant you a discount on your next order"
"We'll let you have an extra quantity, free of charge"
*"We'll deliver the balance of your order, **carriage paid**"*

ALERTE PIÈGE :
"carriage paid" s'utilise uniquement pour du transport terrestre (équivalent "freight prepaid" en maritime et aérien).

"You will be granted a payment at sixty days on your next order"
"The warranty period will be extended to two years, including parts and labour"

Cela vous permettra de clore la conversation sur une note positive qui fera oublier à votre correspondant que vous n'avez pas pu lui donner entière satisfaction.

Comment gérer un litige ?

L'entreprise parfaite n'existe pas ! Votre interlocuteur peut comprendre qu'il y ait un dysfonctionnement (il y en a probablement aussi chez lui), mais, en revanche, il ne vous pardonnera pas de ne pas le traiter avec efficacité.

Face à un litige, il est donc très important de vous comporter avec beaucoup de professionnalisme et de vous mobiliser sur la solution rapide et efficace.

Pourquoi ?

- **Lorsqu'un litige n'est pas correctement résolu, il peut en entraîner d'autres**

Ceci qui sera source de perte de temps et de déficit d'image pour votre entreprise.

En effet, si vous n'êtes pas allé au fond des choses pour le traiter ou si vous n'avez pas su en tirer les leçons pour le futur, il pourra se reproduire.

- **Ce qui vous semble insignifiant peut avoir de l'importance pour votre interlocuteur**

C'est pourquoi vous veillerez à essayer de bien cerner son échelle de priorités et sa personnalité, afin de mieux répondre à ses attentes.

That will allow you to close the conversation on a positive idea which will help your party forget that you could not meet his satisfaction completely.

How to deal with a dispute?

The perfect company does not exist! Your party can understand that you have to face malfunction (as he probably has to, himself), nevertheless he will not forgive you for not dealing with his claim efficiently.

When coping with litigation, it is thus very important to behave with professionalism and to make every effort to find a fast and effective solution.

Why?

- **When a litigation is not correctly solved, it can entail others**

Which will cause a waste of time and image for your company.

Indeed, if you have not dealt with the matter in depth or if you have failed to learn the lessons for the future from them, they can happen again.

- **A thing you consider unimportant can be of primary importance for your party**

This is why you will do your best to determine your party's scale of priorities and his personality, in order to meet his requirements better.

- **On a toujours tendance à généraliser un grief isolé à toute l'entreprise**

Une image négative est très longue à effacer et son effet est immédiat. Elle risque de pénaliser d'autres activités de l'entreprise qui ont affaire au même interlocuteur, et de vous faire une « mauvaise publicité » auprès d'autres partenaires.

De plus, il sera nécessaire d'être irréprochable la prochaine fois, si prochaine fois il y a…

- **Une personne mécontente a toujours tendance à « grossir le trait »**

Vous vous emploierez à ramener le litige à ses justes proportions et vous ne vous laisserez jamais accuser injustement d'une erreur.

Le traitement d'une réclamation peut être l'occasion d'améliorer la qualité de vos prestations en prenant conscience des dysfonctionnements ou des points faibles, de prouver votre intérêt à votre interlocuteur et donc de le fidéliser en lui prouvant votre fiabilité.

Les principales étapes à suivre pour traiter de manière efficace un litige ou une réclamation :

- **Laissez parler votre correspondant et n'essayez pas de l'interrompre trop tôt**

Une personne en colère a besoin de « crever l'abcès ». Laissez la faire. On ne peut lui dénier le droit de faire connaître son mécontentement.

Optimise your results

- **A single ground for complaint can be generalised to all the company**

A negative image takes long to erase and its effect is immediate. It is likely to penalise other activities of the company which are dealt with by the same decision-maker, and to make you "bad publicity" with other partners.
Moreover, you will have to supply a perfect service next time, if there is a next time...

- **A dissatisfied person will always tend to emphasise a problem**

You job is to try and keep it in proportions. Besides, never let anybody put the blame on you unfairly.

Processing a complaint can be an opportunity to improve the quality of your services by becoming aware of dysfunction or weak points, to prove your interest towards your party and thus to win his loyalty by giving evidence of your **dependability**.

ALERTE PIÈGE (Faux ami) :
dependable = fiable, sérieux.

The main stages to follow in dealing with a complaint efficiently.

- **Let your party speak and do not try to stop him too early**

An angry person needs "to resolve the situation". Let him do it. Expressing his dissatisfaction must not be denied him.

L'intérêt de cette stratégie est double :
- Votre interlocuteur va aller au bout de sa colère et va épuiser ses arguments (parfois maintes fois répétés). Il sera donc moins agressif ensuite.
- Vous lui montrerez en l'écoutant que vous acceptez son mécontentement.

● Restez calme et assumez son agressivité éventuelle

N'oubliez pas que vous n'êtes pas en cause en tant que personne, et, même s'il est pénible de subir des hurlements au téléphone, il faut garder son calme.

Votre silence incitera peut-être votre interlocuteur à relativiser son problème et à proposer de lui-même une ébauche de solution.

Si vous devenez agressif à votre tour, la discussion sera impossible et ce sera l'escalade (et l'on finira par vous raccrocher au nez).

● Essayez de comprendre le problème et acceptez sa version des événements

Cela va vous sembler curieux mais il est même souhaitable de l'encourager à aller au bout de ses explications de façon à améliorer la compréhension du problème.

« Je comprends très bien votre point de vue... »
« Vous avez eu raison d'appeler immédiatement... »
« Je comprends votre réaction... »
« Je reconnais que c'est en effet très ennuyeux pour vous... »

● Recueillez le maximum d'informations et prenez des notes

Pendant qu'il vous parle, prenez le dossier ou ouvrez une session informatique afin d'avoir sous la main tous les éléments de l'affaire.

The interest of this strategy is twofold:
- Your party will exhaust his anger and his arguments (he will probably repeat them many times). He will be less aggressive then.
- By listening to him, you will show that you understand his complaint.

Remain calm and accept his possible aggressiveness

Do not forget that you are not personally called into doubt, and, even if it is painful to put up with howls on the telephone, it is necessary to be cool-headed.

Your silence will perhaps encourage your party to put the problem into perspective and to outline a solution himself.

If you turn aggressive as well, discussion will become impossible. It may escalate and he will eventually hang up.

Try to understand the problem and accept his version of what happened

Oddly enough, it is even advisable to encourage him to explain the problem in depth in order to understand it better.

> *"I understand your point of view very well..."*
> *"You were right to call at once..."*
> *"I can understand your..."*
> *"I admit that this is indeed very tedious for you..."*

Collect as much information as you can and take notes

While he is talking to you, take the file or open a computer session in order to have all the elements of the business at hand.

Notez soigneusement tous les éléments précis (chiffres, dates, noms des produits, des personnes, etc.).

- **Essayez d'éclaircir les faits et de déterminer les causes en posant des questions**

Dès que votre interlocuteur s'est un peu calmé, commencez à lui poser des questions afin d'éclaircir les causes du problème.

> *« Avez-vous reçu notre fax... »*
> *« Avez-vous été en contact avec... »*
> *« Avez-vous prévenu le transitaire... »*

- **Reformulez les raisons du mécontentement pour reprendre la maîtrise du dialogue**

C'est à ce moment que vous devez reprendre la main et garder ensuite le contrôle de la discussion.

Tout d'abord en reformulant les griefs avec vos mots à vous, qui seront moins affectifs et plus professionnels.

> *« Vous m'avez dit que les produits sont arrivés partiellement abîmés... »*
> *« Votre commande a été expédiée avec deux jours de retard... »*
> *« J'ai bien noté votre remarque, je vais le signaler au service contrôle qualité »*
> *« Je vous propose de vous rappeler dans une heure pour faire le point... »*

Vous pourrez alors réorienter le dialogue vers les solutions envisageables.

> *« Dans ces conditions nous pourrions vous proposer de... »*

À ce stade, votre interlocuteur sera déjà beaucoup plus calme.

Optimise your results

Carefully note all the precise elements (figures, dates, names of the products, people, etc.)

- **Try to clear up the facts and to determine the causes by asking questions**

As soon as your party is calming down, start asking him questions in order to clear up the causes of the problem.

> *"Have you received our fax..."*
> *"Have you been in touch with..."*
> *"Have you advised the freight forwarder..."*

- **Reword the reasons of his dissatisfaction to resume control of the conversation**

This is the time to take things in hand again, and keep control of the discussion from now on.

First of all by reformulating the objections with your own words, which will be less emotional and more professional.

> *"You did tell me that the products were delivered partially damaged..."*
> *"Your order was dispatched with a 2-day delay..."*
> *"I have duly noted your remark, I will inform the quality control department"*
> *"I suggest to call you back within an hour, in order to take bearings..."*

You will then be able to **redirect** the dialogue towards the possible solutions.

ALERTE PIÈGE (Faux ami) :
"to direct" = orienter.

"Under these circumstances, we could suggest to..."

At this point, your party will have cooled down.

- **Restez neutre et très professionnel**

Utilisez des voix passives, des formulations neutres voire impersonnelles, afin de vous distancer d'un point de vue émotionnel.

« Il doit s'agir d'une erreur de lecture du bon de commande… »
« Deux commandes ont pu être confondues »
« Ce retard doit être lié aux récentes intempéries »

- **Considérez le climat, les relations en cours, le caractère de la personne afin de choisir une solution**

En effet, selon l'importance « stratégique » de l'interlocuteur, les enjeux d'image, l'antériorité des contacts, vous trouverez un arrangement adapté susceptible d'être accepté.

« Nous tenons vraiment à vous proposer un produit de remplacement à nos frais »
« Quand envisagez-vous de passer une nouvelle commande ? Nous pourrions, dans ce cas, vous les fournir à l'avance »
« Nous souhaitons vous proposer un dédommagement significatif »

- **Vendez votre solution en ne promettant que ce que vous êtes capable de tenir et sans outrepasser vos compétences ou capacités de décision**

« Afin de vous éviter une rupture de stock, je pourrais vous proposer de vous faire livrer directement par notre filiale en Italie, mais je dois au préalable m'assurer de leur accord »
« Je vais faire le nécessaire auprès de notre usine et je vous confirmerai la date dès réception du fax de la production »

- **Demandez-lui son avis et son accord**

« Quelle solution proposez-vous ? »
« Que préférez-vous un remboursement ou un avoir sur votre prochaine commande ? »

Optimise your results

- **Remain neutral and very professional**

Use passive forms, even impersonal neutral formulations, in order to outdistance you from an emotional point of view.

"It must be due to misreading the purchase-order..."
"Two orders have been confused"
"This delay must be related to the recent bad weather"

- **Consider the atmosphere, the relations in progress, the personality of the caller in order to seek a solution**

According to the "strategic" importance of your party, the stakes of image, the background of the contacts, you will find a suitable settlement, likely to be accepted.

"We really want to offer an alternative product at our expense"
"When are you planning to place a new order? We could, in this case, supply the products in advance"
*"We would like to propose a significant **compensation** to you"*

EXPRESSION ET MOT CLÉ :
"compensation" = dédommagement, indemnisation.

- **Sell your solution by promising only what you are able to deliver and without exceeding your skills or capacities of decision**

"In order to keep you from being out of stock, I could suggest to supply you directly from our subsidiary company in Italy, but, prior to that, I have to obtain their agreement"
"I will take the necessary steps with our factory and I will confirm the date upon receipt of the fax from production"

- **Seek his opinion and his agreement**

"Which solution do you suggest?"
"Would you prefer a refund or a credit note on your next order?"

© Éditions d'Organisation

« Et si nous pouvions vous livrer par avion en deux jours, port payé »

● Faites appliquer la solution adoptée le plus rapidement possible

Votre crédibilité est en jeu ! Un engagement, même verbal au téléphone a la même valeur pour votre interlocuteur. Démontrez-lui que vous faites ce que vous dites.

« Je vais m'assurer de l'expédition… »
« J'appelle immédiatement afin de donner les instructions nécessaires… »

● Contrôlez-en l'application effective, rassurez votre interlocuteur sur l'avenir et remerciez-le de sa confiance

Vous ferez en sorte de vérifier directement auprès de la personne concernée afin qu'elle soit rassurée sur votre réelle volonté de tenir vos engagements.

« Je vous appelle afin de m'assurer que vous avez bien reçu notre nouveau lot »
« Je voulais savoir si notre service maintenance a bien pris contact avec vous pour fixer la date de réparation ? »

Soyez positif sur le fait que le litige a été porteur de solution qui permettront une meilleure anticipation et l'amélioration des futures prestations.
Montrez-lui que vous appréciez sa confiance.

« Cet incident nous a permis de détecter un dysfonctionnement, et nous pourrons le cas échéant réagir plus rapidement à l'avenir. Nous mettons tout en œuvre pour l'éviter.
Nous vous remercions de votre patience et de votre confiance »

Optimise your results

"And what about a delivery by air freight within two days, freight prepaid?"

- **Have the adopted solution implemented as soon as possible**

Your credibility is at stake! Any commitment, even "by word of mouth" on the telephone, has the same value for your party. Show him that you do what you say.

"I will make sure that your order has been shipped..."
"I'm calling them immediately to give the necessary instructions..."

- **Check what has been done, reassure your party on your future services and thank him for his confidence**

ALERTE PIÈGE (Faux ami) :
"confidence" veut également dire confiance.

"I'm calling you to make sure that you have duly received our new batch"
"I wanted to know whether our maintenance department has duly contacted you to agree on a date for repair"

Be positive on the fact that the complaint has brought up a solution which will improve your services in the future.

Show him that you appreciate his trust.

"This incident has enabled us to detect a malfunction, and we will be able to react more quickly, if necessary, in the future. We shall make every effort to avoid it. We thank you for your patience and your confidence"

© Éditions d'Organisation

Concluez efficacement et mesurez vos résultats

Ce qu'il faut éviter

- Accélérer le débit en fin de conversation (afin de ne pas donner l'impression que l'on cherche à abréger la conversation)

- Donner l'impression que l'on est dérangé (car la discussion se prolonge)

À éviter :

> *« Eh bien, je vais entrer en réunion dans cinq minutes, je vous rappellerai… »*
> *« J'ai un appel en attente des États-Unis… »*

Comment signifier la fin de la conversation

- Récapitulez

Résumez la conversation, en particulier les engagements pris, la suite à donner…)

> *« Vous êtes donc d'accord pour… »*
> *« En résumé, nous vous faisons parvenir notre nouvelle proposition… »*
> *« Comme convenu, je vous adresse dès aujourd'hui… »*

- Parlez au passé puis au futur

> *« Nous avons donc convenu de nous revoir dans deux mois… »*
> *« Vous m'avez confirmé votre commande… »*
> *« Je vous rappellerai sans faute la semaine prochaine, comme convenu… »*
> *« Vous me ferez connaître votre décision d'ici dix jours… »*

Conclude efficiently and assess your performance

What should be avoided

- To hasten the end of the conversation (not to give the impression that you are trying to shorten the conversation)

- To sound impatient (when the discussion is very long)

To be avoided:
> *"Well, I'll have to call you back, I'm having a meeting..."*
> *"I'm expecting a call from the US..."*

How to signal the end of the conversation?

- **Recapitulate**

Summarise the conversation, particularly the commitments entered into, what will be done after...)
> *"Therefore you agree to..."*
> *"In brief, we are sending you our new proposition..."*
> *"As agreed, I'll let you have today..."*

- **Use the past tense then the future tense**
> *"So, we have agreed to meet again within two months..."*
> *"You have confirmed your order..."*
> *"As agreed, I will call you back next week without fail,..."*
> *"You will let me know your decision before ten days..."*

- **Remerciez et utilisez une formule de politesse**
    « Merci encore de votre accueil et à très bientôt »
    « Je tiens à vous remercier de votre compréhension et de votre aide »

Pour clôturer le dialogue

- **Raccrochez après votre interlocuteur**

En effet, il est de mise, en particulier lorsque l'on appelle, de raccrocher le dernier afin de s'assurer que notre interlocuteur a bien clôturé le dialogue lui aussi et qu'il n'entendra pas le « clic » de votre téléphone.

Mesurez vos résultats

- **Analysez *a posteriori* les difficultés rencontrées et mettez en place des outils de correction**

Il s'avère toujours intéressant de faire un bilan de ses performances au téléphone, « à chaud » et également lorsque l'on a détecté un manque ou une faiblesse.

Il faut alors faire preuve de sincérité et analyser les difficultés que l'on a rencontrées.

« Ai-je été convaincant ? Rassurant ? Complet ? »
« Avais-je bien préparé mon entretien téléphonique ? »
« Ai-je bien utilisé les techniques de communication et du téléphone ? »
« Est-ce que j'utilise pleinement les fonctionnalités de mon appareil ? »
« Suis-je suffisamment joignable ? »

Et bien d'autres questions encore…

Optimise your results

- **Thank him and use a closure sentence**
    "Thank you very much for calling and I hope to meet you very soon"
    "I really want to thank you for your comprehension and your help"

To complete the conversation

- **Hang up after your party**

Indeed, particularly when you are the caller, you have to hang up last in order to make sure that your party has duly completed the dialogue and that he will not hear the "click" of your telephone.

Measure your results

- **Analyse the difficulties encountered and implement corrective actions**

It always proves interesting to draw up an evaluation of your performances on the telephone, on the spot, especially when a lack or a weakness has been detected.

It is then necessary to show sincerity and to analyse the encountered difficulties.

ALERTE PIÈGE (Faux ami) :
comprehensive = complet, exhaustif.

*"Was I convincing? reassuring? **Comprehensive**?"*
"Did I prepare my telephone conversation well?"
"Did I use communication and telephone techniques well?"
"Do I fully use all the functions of my equipment?"
"Can I be easily contacted?"

And many other questions.

Faites-vous un « pense-bête » de ce que vous devez améliorer :
- des mots et expressions clés ;
- un tableau des réponses aux objections ;
- une liste de principales réclamations et les solutions les plus couramment proposées.

Entraînez-vous à chaque fois que l'occasion se présente (vous pouvez par exemple vous « faire la main » en interne).

On peut facilement améliorer ses performances au téléphone par un peu de vigilance, la chasse aux mauvaises habitudes et une bonne préparation.

Draw up a reminder of what you must improve:
- of the key words and expressions;
- a table of the answers to the objections;
- a list of the main complaints and most usually suggested solutions.

Take any opportunity to train yourself (for instance you can practice inside the company).

Personal performances can easily be improved thanks to a good preparation, a little watchfulness, and hunting down bad habits.

Déjouez les pièges et entraînez-vous !

Mots clés / Key words

Respecter une date limite / un engagement	⇨ **To meet** a deadline / a commitment
Fournir un produit à un client	⇨ To supply a customer **with** a product
Régler une facture / un problème	⇨ To settle an invoice / a problem
En attente	⇨ Pending (the pending mail)
Une quinzaine de jours	⇨ A fortnight (GB)/a couple of weeks (US)
Un compte rendu de réunion	⇨ The minutes of a meeting
Des conditions générales de vente	⇨ Standard terms of sale
À court terme	⇨ In the short run
Une culture d'entreprise	⇨ Corporate culture
Planifier / programmer	⇨ To schedule
Amortir / rentabiliser sur un an	⇨ To depreciate / to pay for itself within a year

Organiser un voyage d'affaires	⇨	To arrange a business trip
Se charger du dédouanement	⇨	To arrange for clearance
Soumissionner à un appel d'offres	⇨	To bid for a tender
Passer un accord	⇨	To enter into an agreement
Ne plus suivre un produit	⇨	To discontinue a product
Un dédommagement	⇨	Some compensation

Faux amis / False friends

Exiger	⇨	To demand
En fait / réellement / en réalité	⇨	Actually
Accélérer / activer	⇨	To expedite
Finalement	⇨	Eventually
Eventuellement	⇨	Possibly
Disponible	⇨	Available
À condition que	⇨	Providing / provided that
Du matériel de	⇨	…equipment

Des matériaux	⇨	Materials
Terminer / finir	⇨	To complete
Reprendre une réunion	⇨	To resume a meeting
Un compte	⇨	An account
Un acompte	⇨	An advance / down payment
Cohérent	⇨	Consistent
Envisager de	⇨	To contemplate
Mettre en doute / contester	⇨	To question
Considération / estime / respect	⇨	Regard
Fiable / sérieux	⇨	Dependable
Orienter	⇨	To direct
Confiance	⇨	Confidence
Complet / exhaustif	⇨	Comprehensive
Remarquer	⇨	To notice
Preuve	⇨	Evidence

Expressions types pour prendre contact...

Allô, vous êtes bien la société... ?

Allô, M... à l'appareil !

Je vous appelle au sujet de...

Pourrais-je parler à M..., s'il vous plaît ?

Pourriez-vous me passer le poste 209, s'il vous plaît ?

Je souhaiterais parler à M...

J'aimerais savoir si...

J'aimerais avoir des renseignements sur...

J'envisage de...

Pourriez-vous me donner vos coordonnées, s'il vous plaît ?

J'appelle de la part de M...

Pouvez-vous m'épeler son nom, s'il vous plaît ?

À quel moment sera-t-il de retour ?

Pouvez-vous lui dire que j'ai appelé et que je réessaierai cet après-midi ?

Je le rappellerai demain.

Puis-je lui laisser un message ?

Je suis M..., je vous l'épelle :...

Mon numéro est le...

C'est parfait !

Cela me convient tout à fait !

C'est très aimable à vous !

C'est tout ce que je voulais savoir, merci.

Beat the traps and practise!

Key expressions to get in touch...

Hello, is that... company?

Hello! Mr... speaking!

I'm calling you about...

Could I speak to Mr..., please?

Could you put me **through to** extension 209, please?

I'd like to talk to Mr...

I'd like to know whether...

I'd like to get some information about...

I'm planning to...

Could you give me your full address, please?

I'm **calling for** M...,

How do you spell his name, please?

When do you think he'll be back?

Could you just tell him that I rang and that I'll try again this afternoon?

I'll call him back tomorrow.

Could I leave a message for him, please?

My name is..., I'll spell it for you:...

My phone number is...

That'll be fine!

That will do!

That's very kind of you!

That's all I wanted to know, thank you!

L'entretien téléphonique en anglais

Garder le contrôle de la conversation...

- **Quand la ligne est mauvaise**

    Pardon ? Je vous entends à peine !
    Pourriez-vous parler plus fort, la ligne est très mauvaise !
    Est-ce que vous m'entendez ?
    Je suis désolé, mais je suis dans un endroit bruyant et je ne vous entends pas très bien.
    La ligne est très mauvaise aujourd'hui, je vous rappelle dans quelques minutes.
    Je vous entends de très loin...

- **Quand vous ne comprenez pas le message**

    Pourriez-vous répéter, s'il vous plaît ?
    Pourriez-vous parler plus lentement, s'il vous plaît ?
    Pourriez-vous l'épeler, s'il vous plaît ?
    Pardon, je n'ai pas bien saisi, pourriez-vous répéter, s'il vous plaît ?
    Ne parlez pas trop vite s'il vous plaît !

- **Quand vous voulez vérifier les informations**

    Nous sommes donc convenus de...
    Vous m'avez bien demandé..., n'est-ce pas ?
    Un instant, je vous prie, je prends un bloc / un stylo.
    Cela vous ennuierait-il de me rappeler les principaux détails, s'il vous plaît ?
    Je suis navré(e) de vous déranger à nouveau, mais j'aurais besoin de renseignements complémentaires.
    Voulez-vous que je répète ?
    Cela vous ennuierait-il de répéter pour que je puisse vérifier ?
    Voulez-vous que je répète pour vérification ?

Driving the conversation...

- ### When the line is bad
    Sorry? I can hardly hear you!
    Could you please speak louder, the line is very bad...
    Can you hear me?
    Excuse me, I'm in a noisy place and I can't hear you very well!
    The line is awfully bad today, I call you back in a few minutes...
    You sound very far away...

- ### When you don't understand the message
    Could you repeat, please?
    Could you speak slowly, please?
    Could you spell it, please?
    Sorry, I didn't get that, could you repeat, please?
    Don't speak too fast, please!

- ### When you want to check information
    So, we've agreed on...
    You did ask me..., didn't you?
    Stand by please, I take a pad / a pen.
    Would you mind telling me again the main details?
    I'm sorry to bother you again, but I need some further information.
    Do you want me to repeat?
    Would you mind repeating so that I can check?
    Do you want me to confirm by mail?

Glossaire des fonctions techniques du téléphone

Pour gagner du temps

- **Évitez les manipulations répétitives grâce aux touches programmables**

Elles permettent d'enregistrer des numéros de postes internes de façon à pouvoir transmettre et basculer les appels extérieurs, sans avoir à taper le numéro du poste ou de programmer des fonctions spécifiques (secret, filtrage messagerie, renvoi, etc.).

- **Pour aller plus vite : numérotez sans décrocher**

Cette fonction est utile car l'utilisateur peut terminer une tâche entreprise tout en amorçant son contact téléphonique.

- **Pour vous éviter la composition des longs numéros : la numérotation abrégée**

Elle évite d'avoir à composer le numéro d'appel complet, en particulier pour les appels internationaux.

- **Pour compenser vos absences éventuelles et le mécontentement de votre correspondant : la sélection directe à l'arrivée**

Ce système permet d'acheminer les appels entrants vers certaines personnes ou services, éventuellement vers le standard et de limiter les appels perdus.

- **Vous êtes toujours présent grâce à votre boîte vocale**

La boîte vocale permet d'enregistrer les messages laissés par des interlocuteurs extérieurs en cas d'absence.

Telephone technical glossary
Optimise your time

- **Avoid repetitive handling thanks to the programmable keys**

They can be used to index extension numbers in order to call or put through outside calls without dialling the number to program specific functions, like mute, voice mail, call forwarding and so on.

- **To be quicker: use hands free dialling**

This function is quite useful as it allows us to complete a task in progress, while getting ready for the phone call.

- **To avoid dialling long phone numbers: abbreviated dialling**

This function avoids dialling a long number, especially for international calls.

- **To offset a possible absence and your calling party's dissatisfaction: Automatic Call Distribution**

This system allows you to forward the incoming calls to certain persons or departments, possibly to the switchboard and to reduce the number of lost calls.

- **You can be reached thanks to your voice mail**

This system allows you to record messages left by external calling parties when you are away.

It is also very often used to avoid being disturbed by calls when work has to be completed urgently, therefore allowing to optimise your time. However, be careful to remain available in case of need and update your message regularly!

- **Pour bien informer et faire patienter vos interlocuteurs : l'annonce vocale et les attentes musicales**

Une annonce vocale doit être bien préparée afin de transmettre une image positive de l'entreprise.

- **Pour vous éviter le stress : le rappel automatique**

Lorsque l'on a besoin de joindre absolument un interlocuteur qui ne répond pas, le rappel automatique s'avère bien utile. En effet, lorsque votre correspondant prendra sa ligne votre téléphone sonnera pour vous en avertir, et, en décrochant, c'est vous qui rappellerez.

Il est à noter également la touche « bis » qui permet de rappeler automatiquement le dernier numéro appelé.

- **Avec la fonction mains libres et l'écoute amplifiée, téléphonez comme si vous étiez en réunion**

Ces fonctions complémentaires sont très utiles en mode « conférence ».

En effet, elles autorisent l'écoute à plusieurs et donc l'ouverture du dialogue et de la concertation.

De plus, elles facilitent la prise de notes et la consultation de documents, ce qui peut s'avérer indispensable dans certains cas.

Évitez la déperdition d'informations et maîtrisez vos coûts

- **Soyez facile à joindre grâce au téléphone mobile**

Il nous faut bien reconnaître que ce type de matériel permet de réduire considérablement les appels perdus.

Any abuse will give the impression that you are screening your calls.

● To supply information and make the waiting time more pleasant: vocal announcements and musical waiting tunes

They must be carefully designed to carry a positive brand-image of your company.

● To avoid stress: automatic call back

When you need to get in touch with someone who is always "busy", the automatic call back proves quite useful.

Indeed, when your party lifts his receiver, your phone will be ringing to advise you, and when you will answer, you will get through to him.

Press the "bis" key when you want to call back automatically the last number called.

● Thanks to hand free units and loudspeakers, handle conversations as during a meeting

These complementary functions are very useful when using the "conference" mode as they allow a common listening, thus promoting dialogue and negotiation.

Moreover, they facilitate taking notes and looking through documents at the same time, which sometimes proves essential.

Keep track of information and control costs

● Be easy to reach thanks to mobile phones

It is obvious that this kind of equipment allows us to avoid losing external calls.

Cependant, la nécessité de disponibilité et de réactivité qui a présidé à la naissance du téléphone mobile, est devenu grâce (ou à cause ?) de lui plus exigeante encore.

Ne sommes-nous pas, en effet, « tenu », que ce soit sur le plan personnel ou professionnel, de répondre ou de relancer les messages qui ne manquent pas d'envahir régulièrement notre messagerie ?

- **Personnalisez votre accueil avec l'identification de l'appelant**

Cette fonction offre la possibilité de connaître l'identité de son correspondant avant de décrocher (affichage du numéro), permettant une préparation à un accueil personnalisé (garant d'une image très commerciale de l'entreprise).

- **Maîtrisez votre temps d'appel avec l'indication de la durée d'appel**

Très économique, l'indication de la durée d'appel permet de mieux maîtriser ses coûts de communication téléphonique, mais également de gérer son temps de conversation en l'intégrant par exemple dans sa gestion de temps quotidienne.

- **Baissez votre facture avec le routage d'appels sortants**

Les nouveaux équipements téléphoniques permettent de gérer les appels sortants en sélectionnant l'opérateur téléphonique le plus compétitif selon les tranches horaires, la destination de l'appel, etc.

However, while it was created to increase availability and quick reactions, these have now become even more demanding.

Are not we obliged, both professionally and personally, to answer to and to follow up the various messages which do not fail to move into our voice mail regularly?

- **Welcome your caller in a more personal manner with the calling party identification**

This function allows you to be aware of the identity of your party before answering the call. The phone number appears on the phone screen, therefore permitting you to get ready to welcome him personally (conveying a good brand-image of the company).

- **Attentiveness to the duration of calls with the time estimate**

Thanks to this money-saving device, you will be in a position to keep your phone costs under control and to optimise as well your own daily time schedule.

- **Cost control and cuts thanks to the Least Cost Routing**

New telephone equipment allow us to process outgoing calls by selecting the most competitive operator according to the time of the call and its destination.

Recevez des appels où que vous soyez avec le transfert d'appel

Ce service, offert par l'ensemble des opérateurs, complète la flexibilité de l'outil téléphonique, puisqu'il permet de transférer un appel entrant vers un autre numéro de téléphone et sans que l'appelant en soit informé.

Utilisez votre téléphone comme une plate-forme multimédia puissante et flexible

À l'heure de la « toile », ce réseau dont les fils sont des lignes téléphoniques véhiculant aussi bien la voix que les données, le texte que l'image, nos habitudes téléphoniques sont en train de changer.

Du rendez-vous téléphonique à la visioconférence

Déjà très utilisé outre-Atlantique (sans doute à cause des distances), le rendez-vous téléphonique commence à se développer dans nos habitudes de travail, même si nous lui préférons, chaque fois que c'est possible, le face à face.

Mais si vous vous « lancez » dans le rendez-vous téléphonique, sachez que vous devrez faire preuve de beaucoup de rigueur, aussi bien dans l'organisation (tenir l'heure du rendez-vous et ne pas être dérangé...), que dans le déroulement (concentration, mémoire, à propos, synthèse) et l'utilisation du téléphone (prise de notes, écoute, conclusion), car votre seul point de repère restera la voix.

L'accès à Internet : un outil qui a changé le monde professionnel

Notre ligne téléphonique nous ouvre aujourd'hui les portes (portails ?) d'un monde illimité qui annule les distances, désenclave et accélère l'accès à l'information.

Receive calls wherever you are with "call forwarding"

This service, which is offered by all telephone operators, is a complementary tool to our new phone technology, since it passes on an incoming call to any other telephone number, without informing the calling party.

Use your telephone as a powerful and flexible multimedia platform

This is the era of the "Web", this network conveying both voice and data, text and images, thus changing our phoning usage.

From phone meetings to videoconference

Phone meetings are already widely used in the United States (probably because of long distances), and are developing in Europe, although we try to meet face to face whenever possible.

But, if you start organising phone meetings, you will have to be very rigorous, not only regarding the organisation (complying with the exact meeting time and making sure nothing will disturb you...), but also during the call (concentration, storage, adequacy, synthesis) and in your way of using the telephone (taking notes, listening, concluding), as the voice will be your one and only clue.

Internet access : a tool that has changed our professional environment

Our telephone line is now opening the door (portal) to a boundless world where distances have been suppressed, and information has become immediately available.

Quel acheteur n'apprécie pas de pouvoir télécharger les fiches techniques ou le catalogue d'un fournisseur américain, ou d'accéder à une « place de marché » dédiée à son activité ?

Les décalages horaires, la qualité médiocre de certaines lignes internationales, la possibilité de joindre un document et la trace laissée jouent en faveur du mail.

Mieux vaut, dans ce cas, réserver son appel téléphonique à la transmission d'un message peu complexe, qui nécessite une réponse immédiate et dans des situations où le contact direct est indispensable (régler un problème, répondre à une réclamation, négocier, etc.).

- **L'intégration informatique (CTI ou Couplage Téléphonie – Informatique) : gérez vos appels en temps réel**

Ce développement plus récent des technologies de communication permet de faire apparaître immédiatement sur l'écran de votre PC, au moment de l'arrivée de l'appel téléphonique, les informations relatives au client qui vous appelle, stockées dans votre propre système informatique.

The time differences between countries, the poor quality of some international telephone lines, the opportunity to attach a document as well as a record of the left message, all these elements are in favour of the e-mails.

Under these circumstances, it is advisable to reserve phone calls for simple messages, when a very urgent answer is required and when the direct contact is essential (e.g. to settle a problem, to reply to a claim, to negotiate).

Computer integration (CTI): process your calls in real time

The latest developments in communication technology allow us to open automatically a computer file at the precise moment when the call is going in. Then, all the required information stored in the computer and relevant to the calling party is immediately available.

L'entretien téléphonique en anglais

Verbes à particules et pièges / Phrasal verbs and traps

Compenser / réparer une erreur	To make **up for** a mistake
Rédiger / formuler	To draw up / to make out
Calculer	To work out
Expliquer / justifier	To account for
Des renseignements	Some information
Une société commerciale (une entreprise)	A company / a firm
Le service après-vente	The after-sales department
Être d'accord avec un projet / une personne	To agree **on** a project / **with** someone
Demander	To request
Avoir besoin	To require
S'engager à faire quelque chose	To undertake to do
La documentation commerciale	Some literature
Les documents officiels	Some documentation
Le 25 septembre	**On** 25th September
Le nom de famille	Surname
Rentable	Profitable
Au moyen de	By means of

Un délai supplémentaire de 3 jours	⇨	A **3-day** extra time
Réussir à faire quelque chose	⇨	To manage to do something
Des conseils	⇨	Some advice
Port payé	⇨	Freight prepaid / carriage paid
Tenir compte	⇨	To allow for
Veiller à	⇨	To see to
Étudier / examiner	⇨	To go through

Tests autocorrectifs / Tests

● **Choisissez le terme le mieux approprié au contexte :**

1. *"Well, do you agree............ our offer?"*
   - ❏ WITH
   - ❏ TO
   - ❏ ON
   - ❏ ABOUT

2. *"Would you like us to............ your order immediately?"*
   - ❏ SENDE
   - ❏ DISPATCH
   - ❏ EXPEDITE
   - ❏ CHIP

3. *"I'm afraid this reference is not............ from stock at the moment"*
   - ❏ VALID
   - ❏ OUT
   - ❏ VALUABLE
   - ❏ AVAILABLE

4. *"Stand by please, I'm looking............ your file"*
   - ❏ THROUGH
   - ❏ IN
   - ❏ TO
   - ❏ ON

5. *"I'd like to know............ Mr. Jones will be in tomorrow"*
   - ❏ WHEATHER
   - ❏ WEATHER
   - ❏ WETHER
   - ❏ WHETHER

6. *"Which quantity would you............ on a yearly basis?"*
   - ❏ REQUEST
   - ❏ DEMAND
   - ❏ REQUIRE
   - ❏ ASK FOR

7. *"Could you put me............ Mr. Jones, please?"*
   - ❏ THOUGH
   - ❏ THROUGH TO
   - ❏ THROUGH
   - ❏ THOUGHT

8. "Hello! Bernard DUPOND............!"
   - ❏ SPEAKING
   - ❏ HERE
   - ❏ IS SPEAKING
   - ❏ ON LINE

9. "I'll call you back tomorrow............ your last invoice"
   - ❏ FOR
   - ❏ AS REGARDING
   - ❏ ABOUT
   - ❏ AT

10. "I'm looking forward............ you soon"
    - ❏ TO MEETING
    - ❏ TO MEET
    - ❏ MEETING
    - ❏ MEET

11. "I'll get in touch with you again............ a week"
    - ❏ AT
    - ❏ FOR
    - ❏ ON
    - ❏ WITHIN

12. "Could you............ me of your name, please?"
    - ❏ MIND
    - ❏ REMIND
    - ❏ REMEMBER
    - ❏ REPEAT

13. "So, we've agreed to meet............ Monday January 21st .... 2 p.m."
    - ❏ IN / AT
    - ❏ THE / AT
    - ❏ ON / AT
    - ❏ ON / IN

14. "............ you to arrange an interview with Mr. Jones"
    - ❏ I CALL
    - ❏ I AM CALLING
    - ❏ I HAVE CALLED
    - ❏ I WILL CALL

15. "We'll............ a rush delivery at our expense"
    - ❏ TAKE INTO CHARGE
    - ❏ BE IN CHARGE OF
    - ❏ SUPPLY
    - ❏ ARRANGE FOR

16. "We can grant you a............ warranty contract"
    - ❏ 2-YEARS
    - ❏ 2-YEAR
    - ❏ 2-YEAR'S
    - ❏ 2-YEARS'

17. "We are pleased to bid............ this tender"
    - ❏ TO
    - ❏ AT
    - ❏ FOR
    - ❏ ABOUT

18. "We request a 10%............ with the order"
    - ❏ ACCOUNT
    - ❏ ADVANCE-PAYMENT
    - ❏ CREDIT NOTE
    - ❏ DEPOSIT

19. "The invoice must be made............ in duplicate"
    - ❏ UP
    - ❏ IN
    - ❏ OUT
    - ❏ FOR

20. "We have............ discrepancies between the documents"
    - ❏ NOTE
    - ❏ NOTICED
    - ❏ TAKEN NOTES
    - ❏ REMARKED

● **Trouvez le mot manquant :**

21. "We'll make every effort to............ our delivery deadline"

22. "Our............ terms of sale are mentioned on the back of the offer"

23. "Unfortunately, this reference has been............ for two months and won't be made anymore"

24. "We are prepared to offer some............ due to the loss you have suffered from"

25. "After the break, we'll............ our meeting"

Beat the traps and practise!

26. "You can really trust him, he's............"
27. "In case of breakdown, you can call our after-sales........."
28. "Please let us have your order tomorrow so that we can............ a rush delivery"
29. "We need to restock this reference in the short............"
30. "Our new line offers a wide range of quality levels, it is............"
31. "We are............ out of stock"
32. "We don't make any profits on this range anymore, it is no longer............"
33. "New circumstances must be allowed............"
34. "Your order has been delayed, I'll see............ it"
35. "I think we have gone............ all the topics"
36. "You'll have to supply me............ a commercial invoice"
37. "We could............ postpone our appointment, but I'm not sure Mr. Jones will be available later this week"
38. "I think that owing to the poor results of our new marketing policy, we should............ our strategy"
39. "We............ to meet our delivery deadline next time, this is a firm commitment"
40. "Feel free to contact us if you need some............, to help you operate this equipment"

Corrigés des tests autocorrectifs

1. **ON :** to agree on something – « Êtes-vous **d'accord avec** notre offre ? »
2. **TO DISPATCH :** expédier – « Voulez-vous que nous **expédiions** votre commande immédiatement ? »
3. **AVAILABLE :** disponible – « Je crains que cette référence ne soit pas **disponible** en stock pour l'instant »
4. **THROUGH :** to look **through** = consulter / parcourir – « Un instant, je vous prie, je **consulte** votre dossier »
5. **WHETHER :** le SI de l'alternative, attention à l'orthographe – « J'aimerais savoir **si** M. Jones sera là demain »
6. **TO REQUIRE :** avoir besoin – « De quelle quantité **auriez-vous besoin** à l'année ? »
7. **TO PUT SOMEONE THROUGH TO :** ne pas oublier le **TO** et attention à l'orthographe – « Pourriez-vous **me passer** M. Jones, je vous prie ? »
8. **SPEAKING :** ne pas mettre « is » devant – « Bonjour ! Bernard Dupont **à l'appareil** »
9. **ABOUT :** au sujet de / à propos de – « Je vous rappellerai demain **au sujet** de votre dernière facture »
10. **TO MEETING YOU :** to look forward to est suivi d'un gérondif – « Je me réjouis **de vous rencontrer** prochainement »
11. **WITHIN :** dans un délai de – « Je reprendrai contact avec vous **sous** une semaine »
12. **REMIND :** rappeler quelque chose à quelqu'un – « Pourriez-vous **me rappeler** votre nom, s'il vous plaît ? »

13. **ON** devant les jours et **AT** devant l'heure – « *Donc nous sommes convenus de nous rencontrer **le** lundi 21 janvier **à** 14 heures* »

14. **I AM CALLING** : présent progressif obligatoire action en cours – « *Je vous appelle pour convenir d'un rendez-vous avec M. Jones* »

15. **ARRANGE FOR** : se charger de faire quelque chose – « *Nous **allons vous faire** livrer en urgence et à nos frais* »

16. **2-YEAR** : adjectif composé, pas de S – « *Nous vous accordons un contrat de garantie de **2 ans*** »

17. **FOR** : to bid for a tender – « *Nous avons le plaisir de soumissionner **à** cet appel d'offres* »

18. **ADVANCE-PAYMENT** : acompte (deposit = arrhes ou dépôt de garantie – credit note = un avoir) – « *Nous demandons un **acompte** de 10 % à la commande* »

19. **TO MAKE OUT** : établir un document – « *La facture doit être **établie** en deux exemplaires* »

20. **TO NOTICE** : **remarquer,** à ne pas confondre avec **TO NOTE** : **noter,** prendre note – « *Nous avons **remarqué** des irrégularités entre les documents* »

21. **TO MEET** : respecter – « *Nous mettrons tout en œuvre pour **respecter** la date limite de livraison* »

22. **STANDARD** : « *Nos **conditions générales** de vente figurent au dos de l'offre* »

23. **DISCONTINUED** : qui n'est plus fabriqué – « *Malheureusement, cette référence **n'est plus** suivie depuis deux mois* »

24. **COMPENSATION** : dédommagement – « *Nous sommes disposés à vous proposer un **dédommagement** du fait du préjudice subi* »

25. **TO RESUME :** reprendre – « *Après la pause, nous allons reprendre la réunion* »

26. **RELIABLE / DEPENDABLE :** fiable – « *On peut vraiment lui faire confiance, il est fiable* »

27. **DEPARTMENT :** le service – « *En cas de panne, vous pouvez appeler notre service après-vente* »

28. **SCHEDULE :** planifier – « *Veuillez nous faire parvenir votre commande demain afin que nous puissions planifier une livraison expresse* »

29. **RUN :** terme – « *Nous devons réapprovisionner cette référence à très court terme* »

30. **COMPREHENSIVE :** complet, exhaustif – « *Notre nouvelle ligne présente une vaste gamme de qualités, elle est complète* »

31. **PRESENTLY :** à l'heure actuelle – « *Nous sommes pour le moment en rupture de stock* »

32. **PROFITABLE :** rentable – « *Nous ne faisons plus de bénéfices sur cette gamme, elle n'est plus rentable* »

33. **TO ALLOW FOR :** tenir compte de – « *Nous devons tenir compte des ces nouvelles conditions* »

34. **TO SEE TO :** se charger de / veiller à – « *J'y veillerai !* »

35. **TO GO THROUGH :** étudier, examiner, attention à ne pas le confondre avec « traverser » – « *Je pense que nous avons étudié tous les problèmes* »

36. **TO SUPPLY WITH :** ne pas oublier la préposition car le verbe est transitif direct en français mais pas en anglais – « *Vous devrez me fournir une facture commerciale* »

37. **POSSIBLY :** faux ami « *Nous pourrions éventuellement reporter le rendez-vous, mais je ne suis pas sûr(e) que M. Jones sera disponible plus tard dans la semaine* »

38. **TO QUESTION :** faux ami : « *Je pense que compte-tenu des résultats médiocres de notre nouvelle politique marketing, nous devrions **remettre en question** notre stratégie* »

39. **TO UNDERTAKE TO :** « *Nous nous **engageons à** respecter notre date limite de livraison la prochaine fois, c'est un engagement ferme* »

40. **ADVICE :** pas de « S » : « *N'hésitez pas à nous contacter si vous avez besoin de **conseils** pour faire fonctionner ce matériel* »

www.ingramcontent.com/pod-product-compliance
Lightning Source LLC
Chambersburg PA
CBHW062205080426
42734CB00010B/1796